Einfache Slowenisch Kurzgeschichten

Kurzgeschichten auf Slowenisch für Anfänger

Marko Horvat

Inhalt

Einführung

Das Lesen in einer Fremdsprache ist eine der effektivsten Möglichkeiten, um die Sprachkenntnisse zu verbessern und den Wortschatz zu erweitern. Allerdings kann es manchmal schwierig sein, ansprechendes Lesematerial auf einem angemessenen Niveau zu finden, das Erfolgserlebnisse und ein Gefühl des Fortschritts vermittelt. Die meisten Bücher und Artikel, die für Muttersprachler geschrieben wurden, sind zu lang und schwer zu verstehen oder haben einen sehr hohen Wortschatz, so dass Sie sich überfordert fühlen und aufgeben. Wenn Ihnen diese Probleme bekannt vorkommen, dann ist dieses Buch genau das Richtige für Sie!

Einfache Slowenisch Kurzgeschichten ist eine Sammlung von 25 unkonventionellen und unterhaltsamen Kurzgeschichten, die Anfängern und Mittelstufenschülern helfen sollen, ihre Sprachkenntnisse zu verbessern Slowenisch.
Diese Kurzgeschichten schaffen eine förderliche Leseumgebung;

- Reichhaltiger sprachlicher Inhalt in verschiedenen Genres, um Sie zu unterhalten und Ihnen eine Vielzahl von Wortformen zu vermitteln.
- Kürzere Geschichten in Kapiteln, damit Sie die Freude haben, die Geschichten zu beenden und schnell voranzukommen.
- Texte, die auf Ihrem Niveau geschrieben sind, so dass sie leichter zu verstehen sind und Sie nicht überwältigen.
- Die deutsche Übersetzung befindet sich auf abwechselnden Seiten, so dass Sie beim Lesen

der Slowenisch Geschichte direkt Zeile für Zeile nachschlagen können.
- Die wichtigsten Vokabeln sind in der Geschichte und in der Übersetzung fett gedruckt, damit Sie unbekannte Wörter besser verstehen.
- Verständnisfragen, um zu prüfen, ob Sie die wichtigsten Ereignisse verstanden haben, und um Sie anzuregen, genauer zu lesen.

Egal, ob Sie Ihren Wortschatz erweitern, Ihr Verständnis verbessern oder einfach nur zum Spaß lesen wollen, dieses Buch ist der größte Schritt nach vorn, den Sie in diesem Jahr in Ihrem Studium machen werden. Dieses Buch gibt dir alle Unterstützung, die du brauchst. Also lehnen Sie sich zurück, entspannen Sie sich und lassen Sie Ihrer Fantasie freien Lauf, während Sie in eine magische Welt voller Abenteuer, Geheimnisse und Intrigen entführt werden - auf Slowenisch!

Wie man dieses Buch benutzt

Lesen ist ein schwer zu beherrschendes Talent. Wir nutzen eine Reihe von Mikrofähigkeiten, um in unserer Muttersprache zu lesen. Zum Beispiel können wir einen Text überfliegen, um ein grobes Verständnis für den Inhalt zu bekommen. Oder wir durchforsten zahlreiche Seiten eines Zugfahrplans auf der Suche nach einer bestimmten Zeit oder einem bestimmten Ort. Während diese Mikrofertigkeiten beim Lesen in unserer Muttersprache zur zweiten Natur geworden sind, zeigen Untersuchungen, dass wir die meisten davon beim Lesen in einer Fremdsprache vergessen. Wenn wir eine Fremdsprache lernen, beginnen wir normalerweise am Anfang eines Textes und arbeiten uns durch ihn hindurch, wobei wir versuchen, jedes einzelne Wort zu verstehen. Dabei stoßen wir unweigerlich auf unbekannte oder komplexe Begriffe und ärgern uns, dass wir sie nicht verstehen können.

Einer der größten Vorteile des Lesens in einer Fremdsprache besteht darin, dass man eine große Anzahl von Redewendungen und Ausdrücken kennenlernt, die in Alltagssituationen verwendet werden. Extensives Lesen ist ein Begriff, der das Lesen zum Vergnügen beschreibt, um eine Sprache zu lernen. Es ist nicht mit dem Lesen eines Lehrbuchs zu vergleichen, bei dem Gespräche oder Texte langsam und aufmerksam gelesen werden sollen, um jedes Wort zu verstehen. "Intensives Lesen" bezieht sich auf das Lesen, um bestimmte Lernziele zu erreichen oder Aufgaben zu erfüllen.

Einfache Slowenisch Kurzgeschichten bietet Ihnen die

Möglichkeit, mehr über den natürlichen Slowenisch Sprachgebrauch zu erfahren, auch wenn Sie Ihre Reise zum Sprachenlernen vielleicht nur mit Lehrbüchern begonnen haben. Im Folgenden finden Sie einige Hinweise, die Sie beim Lesen der Geschichten in diesem Buch beachten sollten, um das Beste aus ihnen herauszuholen: Wenn es um das Lesen geht, sind Spaß und Erfolgserlebnisse entscheidend. Man kommt immer wieder zurück, weil man Spaß an dem hat, was man liest. Jede Geschichte von Anfang bis Ende zu lesen, ist die beste Methode, um das Lesen von Geschichten zu genießen und das Gefühl zu haben, etwas erreicht zu haben. Das Wichtigste ist also, zum Ende einer Geschichte zu gelangen. Das ist sogar noch wichtiger, als jedes einzelne Wort zu kennen.

Je mehr Sie lesen, desto mehr Wissen werden Sie erwerben. Wenn du größere Bücher zum Vergnügen liest, wirst du schnell wissen, wie Slowenisch funktioniert. Denken Sie jedoch daran, dass Sie zuerst ein ausreichend großes Buch lesen müssen, um den vollen Nutzen aus einer umfangreichen Lektüre zu ziehen. Wenn Sie hier und da ein paar Seiten lesen, lernen Sie vielleicht ein paar neue Wörter, aber das wird keinen wesentlichen Unterschied in Ihrem Gesamtniveau von Slowenisch machen.

Akzeptieren Sie die Tatsache, dass Sie nicht alles verstehen werden, was Sie in einem Roman lesen. Dies ist zweifellos der wichtigste Punkt! Denken Sie immer daran, dass es völlig in Ordnung ist, nicht alle Wörter oder Sätze zu verstehen. Das bedeutet nicht, dass Ihre Sprachkenntnisse unzureichend sind oder dass Sie eine schlechte Leistung erbringen. Es zeigt, dass Sie aktiv am Lernprozess beteiligt sind.

Leitfaden zum Lesen

Es ist am besten, wenn Sie für jedes Kapitel der Geschichten diesen einfachen sechsstufigen Leseprozess befolgen:

1. Lesen Sie den Titel des Kapitels. Überlegen Sie, worum es in der Geschichte gehen könnte. Lesen Sie dann die Geschichte ganz durch. Ihr Ziel ist es einfach, das Ende der Geschichte zu erreichen. Halten Sie also nicht an, um Wörter nachzuschlagen, und machen Sie sich keine Sorgen, wenn Sie etwas nicht verstehen. Versuchen Sie einfach, der Handlung zu folgen.

2. Wenn Sie das Ende der Geschichte erreicht haben, lesen Sie die deutsche Übersetzung durch, um zu sehen, ob Sie verstanden haben, was passiert ist, und nehmen Sie jeden Kontext auf, den Sie vielleicht verpasst haben.

3. Gehen Sie zurück und lesen Sie die gleiche Geschichte noch einmal. Wenn Sie möchten, können Sie sich mehr auf die Details der Geschichte konzentrieren als zuvor, aber ansonsten lesen Sie sie einfach noch einmal durch.

4. Gehen Sie anschließend die Verständnisfragen in Slowenisch durch, um zu überprüfen, ob Sie die Schlüsselereignisse der Geschichte verstanden haben. Wenn Sie die Fragen nicht ganz verstehen, machen Sie sich keine Sorgen. Nutzen Sie Ihr Wissen, um so gut wie möglich zu antworten.

5. Zu diesem Zeitpunkt sollten Sie die wichtigsten Ereignisse des Kapitels einigermaßen verstanden haben. Falls nicht, sollten Sie das Kapitel einige Male anhand der Übersetzung lesen, um unbekannte Wörter und Sätze zu

überprüfen, bis Sie sich sicher fühlen.

Sobald Sie bereit sind und sicher sind, dass Sie verstanden haben, was passiert ist - egal, ob Sie die Geschichte einmal oder mehrmals gelesen haben - gehen Sie zur nächsten Geschichte über und lesen Sie die Geschichte in Ihrem eigenen Tempo weiter, so wie Sie es mit jedem anderen Buch tun würden.

Erst wenn Sie eine Geschichte vollständig gelesen haben, sollten Sie zurückgehen und die Sprache der Geschichte vertiefen, wenn Sie das möchten. Anstatt sich Sorgen zu machen, ob Sie alles verstanden haben, sollten Sie sich die Zeit nehmen, sich auf das zu konzentrieren, was Sie verstanden haben, und sich selbst zu dem beglückwünschen, was Sie geschafft haben.

Einfache
Slowenische
Kurzgeschichten

Ljubljana

Zbudil sem se ob zvokih ptic, ki so žvrgolele pred mojim **oknom**. Sonce je pravkar pokukalo čez obzorje in po nebu odelo rožnato in oranžno svetlobo. Leno sem vstal iz postelje, iztegnil roke nad **glavo in se odpravil po** stopnicah navzdol. Ko sem stopila v kuhinjo, me je pozdravil vonj sveže kave. Mož se mi je nasmehnil, ko mi je prinesel skodelico vroče kave. Skupaj sva se usedla za mizo in uživala v mirnem trenutku pred začetkom dneva. Ko sva popila **kavo,** sva se odločila, da se bova sprehodila po mestu. Bilo je še zgodaj, zato večina trgovin še ni bila odprta, vendar naju to ni motilo. Sprehajali smo se po ulicah s čudovitimi starimi stavbami, dokler nismo prispeli na Prešernov trg, enega naših **najljubših** krajev v Ljubljani.

Čeprav tu živimo že skoraj **leto dni, se** nikoli ne naveličamo občudovati razgleda s tega trga; nikoli nam ne vzame diha! Ko smo nekaj časa opazovali ljudi in se predajali **sončnim žarkom,** smo se odpravili domov na zajtrk. Po zajtrku smo se odločili, da raziščemo bližnje soseske. Sprehodili smo se po ulicah z drevesi in naleteli na prikupno majhno kavarno, ki je prej nismo opazili. Šla sva noter in naročila nekaj kav s seboj. Medtem ko sva srkala pijačo, sva se pogovarjala o različnih **krajih v** Ljubljani, **ki bi jih** rada obiskala v naslednjih nekaj mesecih. Tu je vedno nekaj novega,

Ljubljana

Als ich aufwachte, hörte ich die Vögel vor meinem **Fenster** zwitschern. Die Sonne begann gerade, über den Horizont zu schauen, und warf ein rosa-oranges Licht auf den Himmel. Ich stand träge aus dem Bett auf, streckte die Arme über den **Kopf** und machte mich auf den Weg nach unten. Als ich die Küche betrat, empfing mich der Geruch von frischem Kaffee, der gerade aufbrühte. Mein Mann lächelte mich an, als er mir eine Tasse mit dampfend heißem Kaffee reichte. Wir setzten uns zusammen an den Tisch und genossen einen ruhigen Moment, bevor wir unseren Tag begannen. Nachdem wir unseren **Kaffee** ausgetrunken hatten, beschlossen wir, einen Spaziergang durch die Stadt zu machen. Es war noch früh, so dass die meisten Geschäfte noch nicht geöffnet waren, aber das machte uns nichts aus. Wir schlenderten durch die von schönen alten Gebäuden gesäumten Straßen, bis wir am Preern-Platz ankamen, einem unserer Lieblingsplätze in Ljubljana.

Obwohl wir nun schon fast ein **Jahr** hier leben, werden wir nicht müde, die Aussicht von diesem Platz zu bewundern; sie raubt uns immer wieder den Atem! Nachdem wir einige Zeit damit verbracht hatten, Leute zu beobachten und die **Sonne aufzusaugen**, machten wir uns auf den Weg nach Hause zum Frühstück.

kar si lahko ogledamo ali počnemo! Ko sva spili kavo, sva nadaljevali pot domov po nekoliko drugačni poti, da sva lahko raziskali še več tega **čudovitega** mesta. Domov smo prispeli ravno pravočasno za kosilo in uživali še en miren trenutek skupaj, preden smo se vrnili k delu na svojih projektih.

Preostanek popoldneva je minil hitro in kmalu je bil čas za **večerjo**. Za večerjo smo se odločili, da si privoščimo eno od naših najljubših restavracij v mestu - Gostilno As, ki je znana po odlični slovenski **kuhinji**. Začeli smo s tradicionalnimi predjedmi, kot so truklji (zviti cmoki, polnjeni s **skuto)** in potica (vrsta orehove rulade). Za glavno jed je mož naročil piščanca na žaru, jaz pa pečeno jagnjetino s krompirjem in zelenjavo - obe jedi sta bili naravnost fantastični!

Nach dem Frühstück beschlossen wir, einige der nahe gelegenen Stadtteile zu erkunden. Wir spazierten durch die von Bäumen gesäumten Straßen und stießen auf ein süßes kleines Café, das wir vorher noch nie gesehen hatten. Wir gingen hinein und bestellten ein paar Kaffees zum Mitnehmen. Während wir an unseren Getränken nippten, unterhielten wir uns über all die verschiedenen **Orte, die** wir in den nächsten Monaten in Ljubljana besuchen wollten. Hier gibt es immer etwas Neues zu sehen oder zu tun! Nachdem wir unseren Kaffee ausgetrunken hatten, machten wir uns auf den Heimweg, wobei wir eine etwas andere Route wählten, um noch mehr von dieser **schönen** Stadt zu entdecken. Wir kamen gerade noch rechtzeitig zum Mittagessen nach Hause und genossen noch einen ruhigen Moment, bevor wir uns wieder an unsere jeweiligen Projekte machten.

Der Rest des Nachmittags verging wie im Flug, und bald war es Zeit für das **Abendessen**. Für das Abendessen entschieden wir uns für eines unserer Lieblingsrestaurants in der Stadt - Gostilna As -, das für seine köstliche slowenische **Küche** bekannt ist. Wir begannen mit einigen traditionellen Vorspeisen wie Truklji (mit **Hüttenkäse** gefüllte Teigtaschen) und Potica (eine Art Nussrolle). Als Hauptgang bestellte mein Mann gegrilltes Hähnchen, während ich mich für gebratenes Lamm mit Kartoffeln und Gemüse entschied - beide Gerichte waren absolut fantastisch!

Vprašanja za razumevanje

1. Ob katerem zvoku se je protagonist zbudil?

2. Kakšno je bilo vreme zunaj?

3. Kaj sta protagonistka in mož počela, ko sta popila kavo?

4. Kaj je Preern Square?

5. Kako dolgo protagonistka in mož živita v Ljubljani?

6. Kaj sta protagonistka in mož počela, ko sta raziskala bližnje soseske?

7. Kaj je bilo za večerjo?

8. Po čem je znana družba Gostilna As?

9. Kaj je glavni junak počel po večerji?

10. Kaj protagonist meni o Ljubljani?

Fragen zum Verständnis

1. Mit welchem Geräusch ist der Protagonist aufgewacht?

2. Wie war das Wetter draußen?

3. Was haben der Protagonist und sein Ehemann getan, nachdem sie ihren Kaffee ausgetrunken hatten?

4. Was ist der Preern-Platz?

5. Wie lange leben die Protagonistin und ihr Mann schon in Ljubljana?

6. Was haben der Protagonist und sein Ehemann getan, nachdem sie die nahe gelegenen Stadtteile erkundet hatten?

7. Was gab es zum Abendessen?

8. Wofür ist Gostilna As bekannt?

9. Was hat der Protagonist nach dem Abendessen gemacht?

10. Was hält der Protagonist von Ljubljana?

Kobilarna Lipica

Kobilarna Lipica je priznana konjerejska kmetija v Sloveniji, ki deluje že več kot 400 let. Na **kmetiji živijo** nekateri najlepši in najredkejši konji na svetu, prav tu pa naj bi se prvič razvila tudi lipicanska pasma. Obiskovalci kmetije si lahko ogledajo hleve, spoznajo konje in se celo udeležijo tečajev jahanja. Vendar se zdi, da eden od konj vedno pritegne pozornost vseh: osupljiv beli žrebec z imenom Pegaz. Pegaz se je v Kobilarni Lipica rodil pred nekaj več kot dvema letoma in hitro postal ljubljenec **obiskovalcev** in osebja. Ima neverjetno nežno naravo, vendar je tudi igriv in nagajiv, kar navdušuje vse, ki ga spoznajo. Nekega poletnega dne se je Pegaz z nekaterimi svojimi konjskimi **prijatelji odpravil na potep** po kmetiji.

Galopirali so po poljih divjih cvetlic, skakali čez ograje in se na splošno čudovito zabavali ob raziskovanju vsakega **kotička** posestva. Sčasoma so se spustili do reke, ki je tekla skozi kmetijske površine. Pegaz in njegovi prijatelji so se čofotali v reki in se hladili od svojih dogodivščin. Tako so se zabavali, da niso opazili nevihte, ki se je zgrinjala nad njimi. Nenadoma se je zasvetila strela in zagrmelo je, kar je konje spravilo v paniko. V vsej tej **zmedi** se je Pegaz ločil od prijateljev

Gestüt Lipica

Das Gestüt Lipica ist ein renommierter Pferdezuchtbetrieb in Slowenien, der bereits seit über 400 Jahren besteht. Der **Hof beherbergt** einige der schönsten und seltensten Pferde der Welt, und man sagt, dass die Rasse der Lipizzaner hier zum ersten Mal entwickelt wurde. Besucher des Hofes können die Ställe besichtigen, die Pferde kennen lernen und sogar Reitstunden nehmen. Aber es gibt ein Pferd, das immer die Aufmerksamkeit aller auf sich zieht: ein umwerfender weißer Hengst namens Pegasus. Pegasus wurde vor etwas mehr als zwei Jahren auf dem Gestüt Lipica geboren und hat sich schnell zu einem Liebling der **Besucher** und Mitarbeiter entwickelt. Er hat ein unglaublich sanftes Wesen, ist aber auch verspielt und schelmisch, was ihn bei allen, die ihm begegnen, beliebt macht. An einem Sommertag trieb sich Pegasus mit einigen seiner **Pferdefreunde auf** dem Hof herum.

Sie galoppierten durch Wildblumenfelder, sprangen über Zäune und hatten generell viel Spaß dabei, jede **Ecke** des Grundstücks zu erkunden. Schließlich gelangten sie zu einem Fluss, der durch das Ackerland floss. Pegasus und seine Freunde planschten im Fluss und kühlten sich von ihren Abenteuern ab. Sie

in pristal na drugi strani reke. Poskušal se je vrniti na drugo stran, vendar je bil tok premočan, zato ga je odneslo po toku. Pogumno se je boril s tokom, vendar je na koncu izgubil **zavest,** ko ga je potegnilo pod **vodo.**

Pegaz se je zbudil in se znašel na **nenavadnem** kraju. Ležal je na postelji iz mehkih, belih oblakov, okoli njega pa so bili čudoviti **krilati** konji, ki so graciozno leteli po zraku. Eden od njih je pristopil k Pegazu in ga nežno pobožal z nosom. "Dobrodošel na Olimpu," je rekla. Čakali smo te. Pegaz ni vedel, kako naj se odzove. Še vedno je poskušal **predelati,** kaj se je dogajalo. Zadnje, česar se je spominjal, je bilo, da ga je rečni tok potegnil pod vodo. Zdaj pa je bil na nekem čarobnem kraju z letečimi konji! Konj, ki ga je pozdravil, mu je razložil, da je bil Pegaz izbran za enega od grških bogov. Rekla je, da je za Pegaza velika **čast, da** lahko leti in raziskuje svet kot še nikoli prej.

hatten so viel Spaß, dass sie nicht bemerkten, wie sich über ihnen ein Gewitter zusammenbraute. Plötzlich zuckten Blitze und donnerten, was die Pferde in Panik versetzte. In all der **Aufregung** wurde Pegasus von seinen Freunden getrennt und landete auf der anderen Seite des Flusses. Er versuchte, den Fluss wieder zu überqueren, aber die Strömung war zu stark und er wurde flussabwärts getrieben. Er kämpfte tapfer gegen die Strömung an, verlor aber schließlich das **Bewusstsein**, als er unter **Wasser** gezogen wurde.

Als Pegasus erwachte, befand er sich an einem **seltsamen** Ort. Er lag auf einem Bett aus weichen, weißen Wolken, und um ihn herum flogen wunderschöne**, geflügelte** Pferde anmutig durch die Luft. Eines von ihnen kam zu Pegasus herüber und streichelte ihn sanft mit der Nase. "Willkommen im Olymp", sagte sie. Wir haben auf dich gewartet. Pegasus wusste nicht, wie er darauf reagieren sollte. Er versuchte immer noch zu **verarbeiten**, was geschehen war. Das Letzte, woran er sich erinnerte, war, dass er von den Strömungen des Flusses unter Wasser gezogen wurde. Jetzt befand er sich an einem magischen Ort mit fliegenden Pferden! Das Pferd, das ihn begrüßt hatte, erklärte, dass Pegasus auserwählt worden war, eines der Reittiere der griechischen Götter zu werden. Es sei eine große **Ehre** für Pegasus, dass er fliegen und die Welt wie nie zuvor erkunden dürfe.

Vprašanja za razumevanje

1. Kaj je Kobilarna Lipica?

2. Kaj je pasma lipicanec?

3. Kaj lahko obiskovalci počnejo v Kobilarni Lipica?

4. Kdo je Pegaz?

5. Kaj so nekega poletnega dne počeli Pegaz in njegovi prijatelji?

6. Kaj se je zgodilo, ko se je nad vami razbesnela nevihta?

7. Kje se je Pegaz zbudil, ko ga je potegnilo pod vodo?

8. Kdo je pozdravil Pegaza ob njegovem prihodu na Olimp?

9. Kaj je konj povedal Pegazu o njegovi novi vlogi?

10. Kako se je Pegaz odzval, ko je bil izbran za jezdeca grških bogov?

Fragen zum Verständnis

1. Was ist das Gestüt Lipica?

2. Was ist die Rasse der Lipizzaner?

3. Was können Besucher auf dem Gestüt Lipica tun?

4. Wer ist Pegasus?

5. Was taten Pegasus und seine Freunde an einem Sommertag?

6. Was geschah, als sich ein Sturm über uns zusammenbraute?

7. Wo ist Pegasus aufgewacht, nachdem er unter Wasser gezogen wurde?

8. Wer begrüßte Pegasus bei seiner Ankunft auf dem Olymp?

9. Was hat das Pferd Pegasus über seine neue Rolle erzählt?

10. Wie hat Pegasus darauf reagiert, dass er als Reittier für die griechischen Götter ausgewählt wurde?

Soteska Vintgar

Sonce je zašlo za gore in zadnji žarki **svetlobe so** prodirali skozi drevesa ter na gozdna tla metali topel sij. Listje je postajalo rdeče in oranžno, zrak pa je bil svež in hladen. V Sloveniji je bila jesen in soteska Vintgar je bila eden **najlepših** krajev za njen ogled. Ves dan sem hodil po hribih in utrujen, a vesel sem se spuščal po poti proti soteski. Že prej sem videl njene slike, vendar me nič ni moglo pripraviti na njeno lepoto v živo. Ko sem se bližal, sem slišal, da je šumenje vode vse glasnejše in vztrajnejše. In potem se je pojavila pred mano: **globoko** brezno s stenami, ki so se vzpenjale v zelene skale; ob njenem dnu je svetlo modra reka penela čez skale, preden je izginila v **tunelih, ki jih** je izklesala stoletna erozija.

Nekaj časa sem stal tam in si vse ogledoval, nato pa sem se spustil navzdol, da bi si pobliže ogledal to naravno čudo. **Tla** okoli mene so bila vlažna zaradi nedavnih padavin, zato sem pazil, da mi ni zdrsnilo, ko sem hodil po ozkih policah, dokler nisem končno prišel do starega lesenega mostu, ki je prečkal del reke spodaj. Od tu sem lahko videl ribe, ki so **plavale** proti toku, njihove luske pa so se srebrno lesketale v majhni količini sončne svetlobe, ki jim je še uspela priti od **zgoraj**. Gotovo sem tam ostal več ur in samo opazoval

Vintgar-Schlucht

Die Sonne ging hinter den Bergen unter, und die letzten **Lichtstrahlen** schienen durch die Bäume und warfen einen warmen Schein auf den Waldboden. Die Blätter färbten sich rot und orange, und die Luft war frisch und kühl. Es war Herbst in Slowenien, und die Vintgar-Schlucht war einer der **schönsten** Orte, um ihn zu sehen. Ich war den ganzen Tag gewandert, und ich war müde, aber glücklich, als ich den Weg zur Schlucht hinunterging. Ich hatte zwar schon Bilder davon gesehen, aber nichts konnte mich auf die Schönheit der Schlucht in natura vorbereiten. Als ich näher kam, hörte ich das Rauschen des Wassers immer lauter und eindringlicher werden. Und dann tauchte sie vor mir auf: eine **tiefe** Schlucht mit Wänden, die sich zu grünen Klippen auftürmten; an ihrem Fuß schäumte ein leuchtend blauer Fluss über die Felsen, bevor er in **Tunneln** verschwand, die durch jahrhundertelange Erosion gegraben worden waren.

Ich stand einen Moment lang da und nahm alles in mich auf, bevor ich mich auf den Weg nach unten machte, um mir dieses Naturwunder näher anzusehen. Der **Boden** um mich herum war feucht von den jüngsten Regenfällen, so dass ich vorsichtig war, um nicht auszurutschen, als ich über schmale Felsvorsprünge

vodo in poslušal njen **tok.**

Bilo je tako **mirno** in pomirjujoče in čutila sem, kako se z vsakim trenutkom razblinjajo moje skrbi. Sčasoma me je začela glodati lakota, zato sem se nejevoljno odtrgal od soteske in se vrnil na pot, ki me je vodila iz gozda nazaj v **civilizacijo.** Med hojo sem se počutil hvaležnega, da sem imel to izkušnjo. Spomnila me je, koliko lepote še vedno obstaja na tem svetu - celo na krajih, ki se na prvi pogled zdijo običajni ali **znani.** Včasih potrebujemo le malo časa, da stvari okoli sebe zares vidimo s svežimi očmi; le tako lahko resnično cenimo njihovo **čudovitost.**

ging, bis ich schließlich eine alte Holzbrücke erreichte, die einen Teil des Flusses überspannte. Von hier aus konnte ich Fische sehen, die gegen die Strömung flussaufwärts **schwammen** und deren Schuppen in dem wenigen Sonnenlicht, das sie von **oben** noch erreichen konnten, silbern glitzerten. Ich muss stundenlang dort gestanden haben, nur um das Wasser zu beobachten und dem **Rauschen** des Wassers zu lauschen.

Es war so **friedlich** und beruhigend, und ich spürte, wie meine Sorgen mit jedem Augenblick verschwanden. Schließlich begann jedoch der Hunger an mir zu nagen, und so riss ich mich widerwillig von der Schlucht los und machte mich auf den Weg zurück zum Pfad, der mich aus dem Wald und zurück in die **Zivilisation** führen würde. Während ich ging, konnte ich nicht anders, als dankbar zu sein, dass ich diese Erfahrung gemacht hatte. Es erinnerte mich daran, wie viel Schönheit es auf dieser Welt noch gibt - selbst an Orten, die auf den ersten Blick gewöhnlich oder **vertraut** erscheinen. Manchmal braucht man nur ein wenig Zeit, um die Dinge um uns herum mit neuen Augen zu sehen; nur dann können wir ihr **Wunder** wirklich schätzen.

Vprašanja za razumevanje

1. Kateri letni čas je opisan v besedilu?

2. Kje je avtor?

3. S kakšnim namenom je avtor v gozdu?

4. Kaj si avtor misli o soteski Vintgar?

5. Kako se avtor počuti v soteski?

6. Kaj avtor vidi v soteski?

7. Kaj počne avtor v soteski?

8. Kako se počuti avtor, ko zapusti sotesko?

9. Kakšno je avtorjevo splošno mnenje o izkušnji?

10. S kakšnim namenom je avtor napisal besedilo?

Fragen zum Verständnis

1. Um welche Jahreszeit geht es in dem Text?

2. Wo ist der Autor?

3. Welchen Zweck verfolgt der Autor mit seinem Aufenthalt im Wald?

4. Was hält der Autor von der Vintgar-Schlucht?

5. Wie fühlt sich der Autor in der Schlucht?

6. Was sieht der Autor in der Schlucht?

7. Was macht der Autor in der Schlucht?

8. Wie fühlt sich der Autor, als er die Schlucht verlässt?

9. Was ist die allgemeine Meinung des Autors zu dieser Erfahrung?

10. Zu welchem Zweck hat der Autor den Text verfasst?

Neandertalčeva flavta

Neandertalčevo flavto so odkrili v jami v **gorah** srednje Evrope. Narejena je iz kosti severnega jelena in naj bi bila stara več kot 40.000 let. Flavto naj bi uporabljali v obredne namene, morda pa je služila tudi za sporazumevanje z drugimi neandertalci. Flavto je odkrila skupina arheologov, ki je raziskovala **jamo**. Flavto so našli v skriti komori, ki je bila več tisoč let zaprta. Flavta je v **odličnem** stanju in velja za eno najstarejših glasbil na **svetu**.

Neandertalčevo flavto so preučevali znanstveniki in muzikologi z vsega sveta. Menijo, da so s flavto ustvarjali glasbo, ki je bila hkrati lepa in **strašljiva**. Zvok flavte naj bi bil podoben zvoku **človeškega** glasu. Neandertalčeva flavta je **fascinanten** del zgodovine, ki je bil skrbno ohranjen. Je pomemben del naše človeške dediščine in jo je treba ceniti še mnogo let. Flavta je zdaj razstavljena v muzeju in je eden najbolj priljubljenih eksponatov. Obiskovalci z vsega sveta prihajajo, da bi si flavto ogledali in jo **slišali** igrati.

Neandertalčeva flavta je opomin na našo skupno **zgodovino** in človeškost. Flavta je **simbol** naše sposobnosti ustvarjanja lepote in medsebojnega sporazumevanja. Opominja nas, da nas vse **povezuje**

Neandertaler-Flöte

Die Neandertalerflöte wurde in einer Höhle in den **Bergen** Mitteleuropas entdeckt. Sie wurde aus den Knochen eines Rentiers hergestellt und ist vermutlich über 40.000 Jahre alt. Es wird angenommen, dass die Flöte zu zeremoniellen Zwecken verwendet wurde und möglicherweise auch zur Kommunikation mit anderen Neandertalern diente. Die Flöte wurde von einer Gruppe von Archäologen entdeckt, die die **Höhle** erforschten. Sie fanden die Flöte in einer versteckten Kammer, die seit Tausenden von Jahren verschlossen war. Die Flöte ist in einem **ausgezeichneten** Zustand und gilt als eines der ältesten Musikinstrumente der **Welt**.

Die Neandertalerflöte wurde von Wissenschaftlern und Musikwissenschaftlern aus der ganzen Welt untersucht. Es wird angenommen, dass die Flöte dazu diente, schöne und **eindringliche** Musik zu erzeugen. Der Klang der Flöte soll dem der **menschlichen Stimme** ähnlich sein. Die Neandertalerflöte ist ein **faszinierendes** Stück Geschichte, das sorgfältig bewahrt wurde. Sie ist ein wichtiger Teil unseres menschlichen Erbes und sollte noch viele Jahre lang bewahrt werden. Die Flöte wird heute in einem

naša skupna človečnost. Neandertalčeva flavta je pomemben del naše zgodovine in jo moramo vsi ceniti. Neandertalčeva flavta je opomin, da nas vse povezuje naša skupna človečnost.

Museum ausgestellt und ist eines der beliebtesten Ausstellungsstücke. Besucher aus der ganzen Welt kommen, um die Flöte zu sehen und sie spielen **zu hören**.

Die Neandertalerflöte ist eine Erinnerung an unsere gemeinsame **Geschichte** und unsere gemeinsame Menschlichkeit. Die Flöte ist ein **Symbol** für unsere Fähigkeit, Schönheit zu schaffen und miteinander zu kommunizieren. Sie erinnert uns daran, dass wir alle durch unser gemeinsames Menschsein **verbunden** sind. Die Neandertalerflöte ist ein wichtiger Teil unserer Geschichte und sollte von allen in Ehren gehalten werden. Die Neandertalerflöte erinnert uns daran, dass wir alle durch unser gemeinsames Menschsein verbunden sind.

Vprašanja za razumevanje

1. Kaj je neandertalčeva flavta?

2. Kje so odkrili neandertalčevo flavto?

3. Kako stara je neandertalčeva flavta?

4. Iz česa je narejena neandertalčeva flavta?

5. Kakšen je namen neandertalčeve flavte?

6. Kako so odkrili neandertalčevo flavto?

7. V kakšnem stanju je neandertalčeva flavta?

8. Kakšen je pomen neandertalske flavte?

9. Kje je zdaj neandertalčeva flavta?

10. Zakaj je neandertalčeva flavta pomembna?

Fragen zum Verständnis

1. Was ist die Neandertalerflöte?

2. Wo wurde die Neandertalerflöte entdeckt?

3. Wie alt ist die Flöte der Neandertaler?

4. Woraus besteht die Flöte der Neandertaler?

5. Welchen Zweck erfüllt die Neandertalerflöte?

6. Wie wurde die Neandertalerflöte entdeckt?

7. Wie ist der Zustand der Neandertalerflöte?

8. Welche Bedeutung hat die Flöte der Neandertaler?

9. Wo ist die Neandertalerflöte jetzt?

10. Warum ist die Flöte der Neandertaler wichtig?

Blejsko jezero

Sonce je zašlo nad Blejskim jezerom in zadnji žarki svetlobe so **sijali** na vodo. To je bil čudovit pogled. Nenadoma se je v vodi zaslišal pljusk in pojavila se je glava. To je bila **ženska**! Začela je plavati proti obali. Ko jo je dosegla, je vstala in se ozrla naokoli. Nikogar ni videla, zato je začela hoditi proti mestu. Med hojo je v daljavi zagledala luči in od nekod slišala glasbo. Sledila je zvoku, dokler ni prišla na **trg,** kjer so ljudje plesali in se smejali. Ko so zagledali njena mokra **oblačila,** so se vsi ustavili in jo opazovali. Ženska ni vedela, kaj naj stori, zato je samo stala tam. Nato je k njej pristopil moški in jo vprašal, kako ji je ime. Povedala mu je, da je Sara.

Predstavil se je kot John in dejal, da ji bo pomagal najti prenočišče. Sara mu je bila hvaležna za pomoč in je odšla z njim. Odpeljal jo je v majhno gostilno na robu mesta in se pogovoril z **lastnikom**. Lastnik je rekel, da lahko ostane v eni od sob v nadstropju. John je pomagal Sari po stopnicah v njeno sobo. Nato ji je zaželel lahko noč in odšel. Sarah je bila utrujena od dolgega plavanja, zato je šla spat. Ponoči je **trdno** spala in se zbudila šele zjutraj. Ko je odprla oči, je videla, da je sonce **že** vzšlo. Vstala je iz postelje in pogledala skozi okno. Pogled je bil osupljiv! Videla je

Bleder See

Die Sonne ging gerade über dem Bleder See unter, und die letzten Lichtstrahlen **schienen** auf das Wasser. Es war ein wunderschöner Anblick. Plötzlich gab es ein Platschen im Wasser und ein Kopf tauchte auf. Es war eine **Frau**! Sie begann, zum Ufer zu schwimmen. Als sie es erreichte, stand sie auf und sah sich um. Da sie niemanden sah, begann sie, in Richtung Stadt zu gehen. Als sie weiterging, sah sie in der Ferne Lichter und hörte Musik, die von irgendwoher kam. Sie folgte dem Klang, bis sie zu einem **Platz** kam, auf dem die Leute tanzten und lachten. Als sie ihre nassen **Kleider sahen,** blieben sie alle stehen und starrten sie an. Die Frau wusste nicht, was sie tun sollte, also stand sie einfach nur da. Dann kam ein Mann auf sie zu und fragte sie nach ihrem Namen. Sie sagte ihm, sie heiße Sarah.

Er stellte sich als John vor und sagte, er würde ihr helfen, eine Unterkunft für die Nacht zu finden. Sarah war dankbar für seine Hilfe und ging mit ihm. Er brachte sie zu einem kleinen Gasthaus am Rande der Stadt und sprach mit dem **Besitzer**. Der Besitzer sagte, sie könne in einem der Zimmer im Obergeschoss übernachten. John half Sarah die Treppe hinauf und in ihr Zimmer. Dann sagte er gute Nacht und ging. Sarah war müde

Blejsko jezero in gore za njim. Ko je Sarah nekaj minut občudovala razgled, se je oblekla in odšla **dol**. Ko je stopila na **trg, je** spet zagledala Johna.

Pozdravil jo je z nasmehom in jo vprašal, ali želi skupaj **zajtrkovati.** Sarah je privolila in odšla sta v bližnjo kavarno. Po zajtrku je John Sarah razkazal mesto. Pokazal ji je, kje dela kot **mizar,** in ji predstavil nekaj svojih prijateljev. Vsi so se zdeli dovolj prijazni, vendar se Sarah ni mogla znebiti občutka, da se v tem majhnem mestu počuti kot tujec. Pozneje tistega dne je John peljal Sarah k jezeru. Sprehodila sta se okoli njega in se pogovarjala o svojih **življenjih**. Sarah mu je pripovedovala o svojem življenju v mestu in o tem, kako je prišla do Blejskega jezera. John ji je pripovedoval o odraščanju v tem mestu in o tem, kako rad je tukaj. Medtem ko sta se pogovarjala, nista opazila, da sonce zahaja za **gore**. Šele ko se je nebo začelo obarvati **rdeče,** sta se zavedla, kako pozno je že. Poslovila sta se in si obljubila, da se kmalu spet srečata.

von dem langen Schwimmen und ging ins Bett. Sie schlief die ganze Nacht durch und wachte erst am Morgen auf. Als sie die Augen öffnete, sah sie, dass die Sonne **schon** aufgegangen war. Sie stieg aus dem Bett und schaute aus dem Fenster. Die Aussicht war atemberaubend! Sie konnte den Bleder See und die Berge dahinter sehen. Nachdem sie die Aussicht ein paar Minuten lang bewundert hatte, zog sich Sarah an und ging **nach unten**. Als sie auf den **Platz** ging, sah sie John wieder.

Er begrüßte sie mit einem Lächeln und fragte sie, ob sie gemeinsam **frühstücken** wolle. Sarah sagte ja, und sie gingen in ein nahe gelegenes Café. Nach dem Frühstück führte John Sarah durch die Stadt. Er zeigte ihr, wo er als **Schreiner** arbeitete, und stellte ihr einige seiner Freunde vor. Alle schienen sehr freundlich zu sein, aber Sarah fühlte sich in dieser kleinen Stadt wie eine Außenseiterin. Später an diesem Tag nahm John Sarah mit an den See. Sie spazierten um den See herum und unterhielten sich über ihr **Leben**. Sarah erzählte ihm von ihrem Leben in der Stadt und wie sie an den Bleder See gekommen war. John erzählte ihr, wie er in der Stadt aufgewachsen war und wie sehr er es hier liebte. Während sie sich unterhielten, bemerkten sie nicht, wie die Sonne hinter den **Bergen unterging**. Erst als sich der Himmel **rot färbte**, merkten sie, wie spät es geworden war. Sie verabschiedeten sich und versprachen, sich bald wieder zu treffen.

Vprašanja za razumevanje

1. Kaj je storila ženska, ko je zagledala luči in slišala glasbo?

2. Kako so se odzvali ljudje na trgu, ko so videli žensko?

3. Kdo je ženski pomagal najti prenočišče?

4. Kakšen je bil razgled iz Sarine sobe v gostilni?

5. Kam je John peljal Saro po zajtrku?

6. O čem sta se Sara in John pogovarjala med sprehodom okoli jezera?

7. Kako so se počutili, ko so ugotovili, da je že pozno?

8. Od kod je bila Sara?

9. Zakaj je prišla na Blejsko jezero?

10. Kaj je John povedal Sarah o odraščanju v mestu?

Fragen zum Verständnis

1. Was hat die Frau getan, als sie die Lichter sah und die Musik hörte?

2. Wie haben die Leute auf dem Platz reagiert, als sie die Frau sahen?

3. Wer hat der Frau geholfen, eine Unterkunft zu finden?

4. Wie war die Aussicht von Sarahs Zimmer in der Herberge?

5. Wohin hat John Sarah nach dem Frühstück gebracht?

6. Worüber haben Sarah und John gesprochen, als sie am See spazieren gingen?

7. Wie haben sie sich gefühlt, als sie merkten, wie spät es geworden war?

8. Woher stammte Sarah?

9. Warum ist sie an den Bleder See gekommen?

10. Was hat John Sarah über das Aufwachsen in der Stadt erzählt?

Alpsko smučanje

Sneg je rahlo padal, ko sem se odpravil na vrh **gore**. Bil je čudovit dan za smučanje in komaj sem čakal, da začnem. Ko sem dosegel vrh, sem videl celotno dolino pod sabo, prekrito s plastjo **bele barve**. Globoko sem vdihnil hladen zrak in se začel spuščati po pobočju. Sveži prah je bil kot nalašč za smučanje in hitro sem se izgubil v ritmu rezanja zavojev po snegu. Tu in tam sem v perifernem vidu zagledal nekaj, kar **se je premikalo,** a ko sem se ozrl, ni bilo ničesar. Čez nekaj časa sem se začel počutiti **utrujenega in** se odločil, da si vzamem odmor.

Ustavil sem se ob nekaj drevesih na robu proge in se naslonil na eno od njih, da bi se za nekaj minut spočil. Ko sem tam stal in lovil **sapo,** sem s kotičkom očesa spet opazil gibanje. Tokrat sem se ozrl in zagledal nekaj, kar je švigalo med **drevesi** tik pred mano. Nisem mogel verjeti svojim očem! Prepričan sem bil, da je to, karkoli je bilo, videlo tudi mene. Nisem vedel, kaj naj storim, zato sem samo stal na mestu. Čez nekaj trenutkov je bitje izza dreves prišlo na prosto. To je bila lisica! Nekaj časa sva samo strmela drug v drugega, preden se je obrnila in stekla nazaj v **gozd**. Takrat sem se zavedel, da sem ves čas zadrževal dih.

Srce se mi je razbijalo tako hitro, kot bi se s polno

Ski Alpin

Der Schnee fiel sanft, als ich mich auf den Weg zum Gipfel des **Berges** machte. Es war ein wunderschöner Tag zum Skifahren, und ich konnte es kaum erwarten, loszufahren. Als ich den Gipfel erreichte, konnte ich das gesamte Tal unter mir sehen, das in eine **weiße** Schicht gehüllt war. Ich atmete tief die kalte Luft ein und fuhr dann den Hang hinunter. Der frische Pulverschnee war perfekt zum Skifahren, und ich verlor mich schnell im Rhythmus der Schwünge, die ich durch den Schnee zog. Ab und zu sah ich in meinem Blickfeld etwas, **das sich bewegte**, aber wenn ich hinübersah, war nichts zu sehen. Nach einer Weile wurde ich **müde** und beschloss, eine Pause zu machen.

Ich blieb in der Nähe einiger Bäume am Rande des Laufs stehen und lehnte mich an einen, um ein paar Minuten auszuruhen. Als ich dort stand und **Luft holte**, bemerkte ich aus dem Augenwinkel wieder eine Bewegung. Als ich dieses Mal hinübersah, sah ich etwas zwischen den **Bäumen** direkt vor mir huschen. Ich konnte meinen Augen nicht trauen! Ich war mir sicher, dass es, was immer es war, auch mich gesehen hatte. Ich wusste nicht, was ich tun sollte, also stand ich einfach nur da **wie erstarrt**. Nach ein paar Augenblicken kam das Wesen hinter den Bäumen

hitrostjo spuščal po gori. Šele takrat sem se zavedel, kako **tiho je** postalo. Edini zvok je bil sneg, ki je nežno padal po zraku okoli mene. Še nekaj minut sem stal tam in se poskušal umiriti. Srečanje me je tako pretreslo, da sem se odločil, da se vrnem z gore. Ko sem se ponovno podal na smučanje, so se mi po **glavi podila** vprašanja o tem, kaj se je pravkar zgodilo. Ali je bila to res lisica? Ali sem **si** jo samo **predstavljal?** V vsakem primeru je bila to zagotovo najbolj vznemirljiva stvar, ki se mi je kdajkoli zgodila med smučanjem! O dogodku sem povedal prijateljem in družini, vendar mi nihče ni verjel. Vsi so rekli, da se mi mora nekaj zdeti, saj na tem območju ni lisic. Toda jaz vem, kaj sem videl, in nikoli ne bom pozabil tistega dne, ko sem smučal na gori in imel bližnje **srečanje z** divjo živaljo.

hervor und trat ins Freie. Es war ein Fuchs! Wir starrten uns einen Moment lang an, bevor er sich umdrehte und zurück in den **Wald** lief. In diesem Moment wurde mir klar, dass ich die ganze Zeit den Atem angehalten hatte.

Mein Herz raste so schnell, als wäre ich mit Vollgas den Berg hinuntergefahren. Erst jetzt bemerkte ich, wie **still** es geworden war. Das einzige Geräusch war der Schnee, der sanft um mich herum fiel. Ich stand noch ein paar Minuten da und versuchte, mich zu beruhigen. Ich war so erschüttert von dieser Begegnung, dass ich beschloss, den Berg wieder hinunterzufahren. Als ich wieder mit dem Skifahren begann, überschlugen sich in meinem **Kopf** die Fragen über das, was gerade passiert war. War das wirklich ein Fuchs? Oder hatte ich ihn mir nur **eingebildet**? Auf jeden Fall war es das Aufregendste, was mir je beim Skifahren passiert war! Ich erzählte meinen Freunden und meiner Familie von dem Vorfall, aber niemand glaubte mir. Sie sagten alle, dass ich mir das nur eingebildet habe, weil es in dieser Gegend keine Füchse gibt. Aber ich weiß, was ich gesehen habe, und ich werde diesen Tag beim Skifahren auf dem Berg, an dem ich eine **Begegnung** mit einem wilden Tier hatte, nie vergessen.

Vprašanja za razumevanje

1. Kje je bil avtor, ko se je srečal z divjo živaljo?

2. Kakšno je bilo vreme, ko se je avtor srečal z divjo živaljo?

3. Kaj je počel avtor, ko se je srečal z divjo živaljo?

4. Kaj je avtor videl s perifernim vidom?

5. Kaj je naredilo bitje, ko je prišlo izza dreves?

6. Kako se je avtor počutil, ko je bitje pobegnilo nazaj v gozd?

7. Kateri je bil edini zvok, ki ga je avtor slišal, ko je bitje pobegnilo nazaj v gozd?

8. Kako dolgo je avtor stal tam, ko je bitje pobegnilo nazaj v gozd?

9. Kaj se je avtorju porodilo v glavi, ko je bitje pobegnilo nazaj v gozd?

10. Komu je avtor povedal o dogodku?

Fragen zum Verständnis

1. Wo war der Autor, als er die Begegnung mit dem wilden Tier hatte?

2. Wie war das Wetter, als der Autor seine Begegnung mit dem wilden Tier hatte?

3. Was hat der Autor gemacht, als er die Begegnung mit dem wilden Tier hatte?

4. Was hat der Autor in seinem peripheren Blickfeld gesehen?

5. Was hat das Wesen getan, als es hinter den Bäumen hervorkam?

6. Wie hat sich der Autor gefühlt, nachdem die Kreatur in den Wald zurückgelaufen war?

7. Was war das einzige Geräusch, das der Autor hören konnte, nachdem die Kreatur in den Wald zurückgelaufen war?

8. Wie lange stand der Autor dort, nachdem die Kreatur in den Wald zurückgelaufen war?

9. Was ging dem Autor durch den Kopf, nachdem die Kreatur in den Wald zurückgelaufen war?

10. Wem hat der Autor von dem Vorfall erzählt?

Knedlji

Prvič sem cmoke jedel pri babici. Vedno jih je pripravila iz nič in bili so zelo okusni. Ko je umrla, sem se odločila, da jih bom poskusila pripraviti tudi sama. Potrebovala sem nekaj poskusov, da mi je recept uspel, zdaj pa jih pripravljam ves čas. So ena **najljubših** jedi moje družine. Običajno naredim veliko serijo cmokov in jih zamrznem v posameznih porcijah. Tako si jih lahko privoščimo, kadarkoli si jih zaželimo, ne da bi se morali vsakič truditi z njihovo pripravo iz nič. In verjemite mi, vredni so tega! Babičini cmoki so bili vedno polni **najokusnejših** stvari. Uporabljala je različno **meso**, zelenjavo in začimbe, da so bili popolni. Poskušala sem poustvariti njen recept, vendar brez njene skrivne sestavine: **ljubezni,** ni isto.

Vsakič, ko zdaj pripravljam cmoke, pomislim na svojo babico in na vse čudovite spomine, ki sva jih delili skupaj. Kot je rekla: "Najboljši cmoki so narejeni z ljubeznijo." Nekega dne sem **si zares zaželela** cmokov, zato sem se odločila, da grem v trgovino in kupim nekaj zamrznjenih. Toda ko sem prišla domov in jih začela **kuhati,** se mi je zdelo, da nekaj ni v redu. V primerjavi z domačimi cmoki so bili brez okusa in dolgočasni. Takrat sem spoznala, da sveže pripravljeni in z ljubeznijo skuhani cmoki preprosto niso **nadomestilo.** Odslej bom

Knödel

Das erste Mal, dass ich Knödel gegessen habe, war im **Haus** meiner Großmutter. Sie machte sie immer von Grund auf neu, und sie waren absolut köstlich. Nachdem sie gestorben war, beschloss ich, sie selbst zu machen. Ich brauchte ein paar Anläufe, um das richtige Rezept zu finden, aber jetzt mache ich sie immer wieder. Sie sind eines der Lieblingsgerichte meiner Familie. Normalerweise mache ich eine große Menge Knödel und friere sie in einzelnen Portionen ein. Auf diese Weise können wir sie jederzeit essen, ohne sie jedes Mal mühsam neu zubereiten zu müssen. Und glauben Sie mir, sie sind es wert! Die Knödel meiner Großmutter waren immer mit den **leckersten** Dingen gefüllt. Sie verwendete eine Vielzahl von **Fleisch**, Gemüse und Gewürzen, um sie perfekt zu machen. Ich habe versucht, ihr Rezept nachzumachen, aber ohne ihre geheime Zutat ist es einfach nicht dasselbe: **Liebe**.

Jedes Mal, wenn ich jetzt Knödel mache, denke ich an meine Großmutter und an all die wunderbaren Erinnerungen, die wir gemeinsam hatten. Wie sie immer sagte: "Die besten Knödel werden mit Liebe gemacht". Neulich hatte ich richtig **Lust auf** Knödel, also beschloss ich, welche aus dem Tiefkühlfach zu kaufen. Aber als ich nach Hause kam und begann, sie zu

jedel (in kuhal) samo domače cmoke. Priprava cmokov je delo ljubezni, vendar je vredno, ko vidiš nasmeh na obrazih svoje družine, ko vzame prvi grižljaj. Nekaj je v teh majhnih žepkih **dobrote, kar** ljudi osrečuje. Zelo sem vesela, da me je babica naučila, kako pripraviti cmoke. Morda zahtevajo nekaj časa in **truda,** vendar so na koncu vsekakor vredni tega.

Bila sem razpoložena za udobno hrano, zato sem se odločila, da naredim cmoke. Že dolgo jih nisem pripravljala, vendar sem se spomnila babičinega **recepta**. Najprej sem zavrela vodo, nato pa sem dodala moko in jajca, da sem naredila testo. Ko je bilo vse skupaj zmešano, sem ga razvaljala v dolgo testo in ga nato razrezala na majhne koščke. Nato je sledil zabavni del: polnjenje cmokov! Uporabil sem različne vrste mesa, zelenjave in **začimb,** da sem ustvaril različne kombinacije okusov. Nekatere so bile slane, druge sladke, a vse so bile okusne.

kochen, stimmte etwas nicht. Sie schmeckten fade und langweilig im Vergleich zu selbstgemachten Knödeln. Da wurde mir klar, dass es keinen **Ersatz** für frische, mit Liebe gekochte Knödel gibt. Von nun an werde ich nur noch selbstgemachte Knödel essen (und kochen). Die Herstellung von Knödeln ist ein hartes Stück Arbeit, aber sie ist es wert, wenn man das Lächeln auf den Gesichtern der Familie sieht, wenn sie den ersten Bissen nehmen. Diese kleinen, **leckeren Teigtaschen haben** einfach etwas, das die Menschen glücklich macht. Ich bin so froh, dass ich von meiner Großmutter gelernt habe, wie man Knödel macht. Sie kosten zwar etwas Zeit und **Mühe**, aber am Ende sind sie es wert.

Ich hatte Lust auf etwas Gemütliches, und so beschloss ich, Knödel zu machen. Ich hatte sie schon lange nicht mehr gemacht, aber ich erinnerte mich an das **Rezept** meiner Großmutter. Zuerst kochte ich etwas Wasser und fügte dann das Mehl und die Eier hinzu, um einen Teig zu machen. Sobald alles vermischt war, rollte ich ihn zu einem langen Strang aus und schnitt ihn dann in kleine Stücke. Dann kam der lustige Teil: das Füllen der Knödel! Ich habe verschiedene Fleischsorten, Gemüse und **Gewürze verwendet**, um verschiedene Geschmackskombinationen zu kreieren. Einige waren pikant, andere süß, aber alle waren köstlich.

Vprašanja za razumevanje

1. Kdaj je avtor prvič jedel cmoke?

2. Kako se je avtorica počutila po smrti svoje babice?

3. Zakaj se je avtorica odločila, da bo tudi sama poskusila pripraviti cmoke?

4. Kaj je avtorica naredila drugače, ko je sama poskusila pripraviti cmoke?

5. Kakšen je bil rezultat avtorjevih prizadevanj?

6. Kaj avtorica pravi o babičinih cmokih?

7. Kaj se je zgodilo, ko je avtor v trgovini kupil zamrznjene cmoke?

8. Zakaj se je avtor odločil, da bo odslej jedel samo še domače cmoke?

9. Kaj avtor pravi o pripravi cmokov?

10. Kakšen je bil rezultat avtorjeve priprave cmokov?

Fragen zum Verständnis

1. Was war das erste Mal, dass der Autor Knödel gegessen hat?

2. Wie hat sich die Autorin nach dem Tod ihrer Großmutter gefühlt?

3. Warum hat die Autorin beschlossen, selbst zu versuchen, Knödel zu machen?

4. Was hat die Autorin anders gemacht, als sie versucht hat, selbst Knödel zu machen?

5. Was war das Ergebnis der Bemühungen des Autors?

6. Was sagt die Autorin über die Knödel ihrer Großmutter?

7. Was geschah, als der Autor tiefgekühlte Knödel im Laden kaufte?

8. Warum hat der Autor beschlossen, von nun an nur noch selbstgemachte Knödel zu essen?

9. Was sagt der Autor über die Herstellung von Knödeln?

10. Was war das Ergebnis der Herstellung von Knödeln durch den Autor?

Slavoj Žižek

Slavoj Žižek je imel **grozen** dan. Najprej se je pozno zbudil in je moral hiteti na jutranje predavanje. Nato je ugotovil, da je doma pustil svojo skodelico za kavo, zato je moral piti **grenko** univerzitetno kavo. Kot da to ne bi bilo dovolj, mu je med predavanjem eden od študentov postavil vprašanje, na katerega ni znal odgovoriti. Bil je tako razburjen, da je po nesreči prevrnil kozarec za vodo. Za nameček je ob vrnitvi v pisarno ugotovil, da mu je nekdo iz **hladilnika** ukradel kosilo. Zaradi vsega tega je bil Slavoj zelo nejevoljen. Tako zelo, da je Slavoj, ko je eden od sodelavcev na hodniku poskušal navezati pogovor z njim, odvrnil, naj ga pustijo pri miru. To je stvari samo še poslabšalo, saj se je Slavoj zdaj počutil krivega, ker je bil **nesramen**. Odločil se je, da se bo sprehodil po kampusu, da si zbistri glavo, preden se bo vrnil k ocenjevanju nalog. Med hojo je poskušal globoko vdihniti in se umiriti.

Vendar ni imel veliko **sreče in** še vedno je bil precej jezen, ko je zavil za vogal in naletel na nekoga. Oseba se mu je zelo opravičila, vendar je Slavoj le odkorakal mimo nje, ne da bi jo pogledal. Bil je tako zatopljen v **misli,** da ni niti opazil skupine učencev, dokler se niso znašli tik pred njim. Zapirali so mu pot in eden od njih je spregovoril. "Oprostite, profesor Žižek? Zanima

Slavoj Žižek

Slavoj Žižek hatte einen **schrecklichen** Tag. Erst wachte er spät auf und musste sich zu seiner Morgenvorlesung beeilen. Dann stellte er fest, dass er seinen Kaffeebecher zu Hause vergessen hatte und musste den **bitteren** Universitätskaffee trinken. Als ob das nicht schon genug wäre, stellte ihm einer seiner Studenten während der Vorlesung eine Frage, die er nicht beantworten konnte. Er war so aufgeregt, dass er aus Versehen sein Wasserglas umstieß. Zu allem Überfluss musste er, als er in sein Büro zurückkehrte, feststellen, dass jemand sein Mittagessen aus dem **Kühlschrank** gestohlen hatte. Das alles machte Slavoj sehr mürrisch. Als einer seiner Kollegen versuchte, auf dem Flur ein Gespräch mit ihm anzufangen, schnauzte Slavoj ihn einfach an und sagte, er solle ihn in Ruhe lassen. Das machte alles nur noch schlimmer, denn nun fühlte sich Slavoj schuldig, weil er **unhöflich** war. Er beschloss, einen Spaziergang über den Campus zu machen, um den Kopf frei zu bekommen, bevor er sich wieder an die Benotung von Arbeiten machte. Während des Spaziergangs versuchte Slavoj, tief durchzuatmen und sich zu beruhigen.

Er hatte allerdings nicht viel **Glück** und war immer noch ziemlich wütend, als er um eine Ecke bog und mit

nas, ali vam lahko zastavimo vprašanje. " Slavoj je globoko zavzdihnil, vendar se je ustavil in se obrnil proti **študentom**. "Za kaj gre?" je nestrpno vprašal. No, zanimalo nas je, ali nam lahko poveste svoje mnenje o **kapitalizmu**. Slavojov obraz se je ob tem vprašanju nekoliko omehčal. To je bilo nekaj, na kar bi vsekakor lahko odgovoril.

"Mislim," je začel, "da je kapitalizem **gospodarski** sistem, ki ustvarja več težav, kot jih rešuje." Učenci so nestrpno prikimavali in čakali na vsako njegovo besedo. Slavoj se je ogrel za svojo temo in začel govoriti z večjo strastjo. "Pripelje do stvari, kot sta dohodkovna neenakost in izkoriščanje **delavcev**. Povzroča tudi uničevanje okolja. " Učenci so bili navdušeni in ko je Slavoj končal govor, so vsi zaploskali. Najprej je bil presenečen, nato pa se je nasmehnil, se rahlo priklonil in nadaljeval svojo pot. Med hojo je ugotovil, da njegov dan morda vendarle ni bil tako slab.

jemandem zusammenstieß. Die Person entschuldigte sich ausgiebig, aber Slavoj ging einfach an ihr vorbei, ohne sie anzusehen. Er war so in **Gedanken** versunken, dass er die Gruppe von Schülern erst bemerkte, als sie direkt vor ihm stand. Sie versperrten ihm den Weg, und einer von ihnen ergriff das Wort. "Entschuldigen Sie, Professor Žižek? Wir haben uns gefragt, ob wir Ihnen eine Frage stellen können. "Slavoj seufzte tief, blieb aber stehen und drehte sich zu den **Studenten** um. "Was gibt es?", fragte er ungeduldig. Nun, wir haben uns gefragt, ob Sie uns Ihre Meinung zum **Kapitalismus** sagen können. Slavojs Gesicht wurde bei dieser Frage ein wenig weicher. Das war etwas, das er definitiv beantworten konnte.

"Nun", begann er, "ich denke, dass der Kapitalismus ein Wirtschaftssystem ist, das mehr Probleme schafft als es löst." Die Schüler nickten eifrig und hingen an jedem seiner Worte. Slavoj wärmte sich für sein Thema auf und begann, mit mehr Leidenschaft zu sprechen. "Es führt zu Dingen wie Einkommensungleichheit und der Ausbeutung von **Arbeitern**. Sie ist auch für die Umweltzerstörung verantwortlich. "Die Schülerinnen und Schüler hörten gebannt zu, und als Slavoj zu Ende gesprochen hatte, brachen sie alle in Applaus aus. Er war zunächst überrascht, lächelte dann aber und verbeugte sich leicht, bevor er seinen Weg fortsetzte. Während er ging, wurde ihm klar, dass sein Tag vielleicht doch nicht so schlecht war.

Vprašanja za razumevanje

1. Zaradi česa je bil dan Slavoja Žižka grozen?

2. Kako se je Slavoj počutil, ko je naletel na skupino učencev?

3. Kaj so učenci želeli vprašati Slavoja?

4. Kakšno je Slavojovo mnenje o kapitalizmu?

5. Kako se je spremenilo Slavojovo razpoloženje po srečanju z učenci?

6. Zakaj je Slavojov sodelavec skušal navezati pogovor z njim?

7. Kaj je Slavoj naredil, ko se je vrnil v pisarno?

8. Kako se je Slavoj odzval, ko so učenci začeli ploskati?

9. Kje je bil Slavoj, ko se je srečal s študenti?]

10. Kakšen je bil Slavojov načrt, ko je drugič zapustil pisarno?

Fragen zum Verständnis

1. Was hat Slavoj Žižek den Tag versaut?

2. Wie hat sich Slavoj gefühlt, als er auf die Gruppe von Studenten traf?

3. Was wollten die Schüler Slavoj fragen?

4. Was ist Slavojs Meinung zum Kapitalismus?

5. Wie hat sich Slavojs Stimmung nach der Begegnung mit den Studenten verändert?

6. Warum hat Slavojs Kollege versucht, ein Gespräch mit ihm zu beginnen?

7. Was hat Slavoj getan, als er in sein Büro zurückkam?

8. Wie hat Slavoj reagiert, als die Schüler zu applaudieren begannen?

9. Wo war Slavoj, als er die Begegnung mit den Studenten hatte?]

10. Was war Slavojs Plan, als er sein Büro zum zweiten Mal verließ?

Solkanski most

Solkanski most je bil zgrajen v začetku 19. stoletja in se razteza čez Jadransko morje. Je eden najbolj znanih mostov na Hrvaškem in priljubljena **turistična** destinacija. Na topel poletni dan sta se mlada zaljubljenca, Janez in Marija, odločila, da se sprehodita po mostu. Držala sta se za roke in uživala v razgledu, ko sta nenadoma zaslišala klic na pomoč. Ozrla sta se in zagledala moškega, ki **se je v** vodi pod mostom **trudil** ostati na površju. John je brez premisleka skočil v vodo, da bi ga rešil. John je bil odličen plavalec in je hitro dosegel moškega, ki je v paniki omahoval. Prijel ga je in začel plavati nazaj proti mostu, kjer ga je **zaskrbljeno** čakala Mary. Vendar je na pol poti ugotovil, da je moški pretežak, da bi ga lahko nosil sam, zato je zaklical na Marijo, naj mu priskoči na **pomoč.**

Najprej je oklevala, nato pa se je brez pomislekov in strahu potopila v **vodo.** Po čudežu jima je obema uspelo varno priti nazaj na obalo z neznancem med njima. Takoj ko sta stopila na suho **kopno,** sta od izčrpanosti padla. Takrat se je že zbrala množica ljudi in nekdo je poklical **reševalno vozilo.** Reševalci so prevzeli reševalno službo, vendar ne prej, preden se je John uspel ustrezno predstaviti svojemu pogumnemu rešitelju, ki mu je bilo ime Marko. John in Marko sta se

Solkan-Brücke

Die Solkan-Brücke wurde in den frühen 1800er Jahren erbaut und überspannt die Adria. Sie ist eine der bekanntesten Brücken in Kroatien und ein beliebtes Touristenziel. An einem warmen Sommertag beschlossen zwei junge Verliebte, John und Mary, einen Spaziergang über die Brücke zu machen. Sie hielten sich an den Händen und genossen die Aussicht, als sie plötzlich Hilfeschreie hörten. Sie blickten hinüber und sahen einen Mann, der **sich** im Wasser unter der Brücke über Wasser halten musste. Ohne lange zu überlegen, sprang John ins Wasser, um ihn zu retten. John war ein ausgezeichneter Schwimmer und erreichte schnell den Mann, der in Panik um sich schlug. Er hielt sich an ihm fest und schwamm zurück zur Brücke, wo Mary **ängstlich** wartete. Auf halbem Weg merkte er jedoch, dass der Mann zu schwer war, um ihn allein zu tragen, und rief Mary zu **Hilfe**.

Zuerst zögerte sie, aber dann sprang sie ohne Zögern und ohne Angst ins **Wasser**. Wie durch ein Wunder schafften sie es beide, mit dem Fremden zwischen ihnen sicher ans Ufer zu gelangen. Sobald sie das trockene **Land betreten hatten**, brachen sie vor Erschöpfung zusammen. Inzwischen hatte sich eine Menschenmenge versammelt, und jemand rief nach

po tistem **usodnem** dnevu nekaj časa sestajala, vendar to ni trajalo dolgo.

Šla sta **vsak svojo** pot, vendar jima je spomin na ta dan ostal za vedno. Marko se je kmalu zatem preselil v Ameriko in postal **uspešen** poslovnež. Nikoli ni pozabil ljudi, ki sta mu rešila življenje, in pogosto je razmišljal o tem, kaj bi se lahko zgodilo, če ju tistega dne ne bi bilo tam. Vsako leto na obletnico dneva, ko sta Marku rešila življenje, sta se John in Mary srečala na Solkanskem mostu in **se spominjala** tistega usodnega dne. Pogosto sta se spraševala, kaj bi se lahko zgodilo, če ju ne bi bilo tam, a na koncu sta bila vesela, da se je na koncu **vse** dobro izteklo.

einem **Krankenwagen**. Die Sanitäter übernahmen dann, aber nicht bevor John Zeit hatte, sich seinem tapferen Retter, der sich als Marko herausstellte, vorzustellen. Nach diesem **schicksalhaften** Tag gingen John und Mary eine Weile miteinander aus, aber es hielt nicht lange.

Ihre Wege trennten sich, aber die Erinnerung an diesen Tag blieb ihnen immer erhalten. Marko zog kurz darauf nach Amerika und wurde ein **erfolgreicher** Geschäftsmann. Er hat die beiden Menschen, die ihm das Leben gerettet haben, nie vergessen und denkt oft darüber nach, was hätte passieren können, wenn sie an diesem Tag nicht da gewesen wären. Jedes Jahr am Jahrestag des Tages, an dem sie Marko das Leben retteten, trafen sich John und Mary an der Solkan-Brücke, um **sich an** diesen schicksalhaften Tag zu **erinnern**. Sie fragten sich oft, was wohl passiert wäre, wenn sie nicht dabei gewesen wären, aber letztendlich waren sie einfach nur froh, dass am Ende **alles** gut ausgegangen war.

Vprašanja za razumevanje

1. Kako se imenuje most?

2. Kdaj je bil most zgrajen?

3. Kaj obsega most?

4. Kakšen je vzdevek mostu?

5. Kakšno je vreme na dan zgodbe?

6. Kaj sta delala Janez in Marija, ko sta slišala, da nekdo kriči?

7. Kdo je skočil v vodo?

8. Kdaj je Marija skočila v vodo?

9. Kako sta se počutila Janez in Marija, ko sta se vrnila na obalo?

10. Kaj se je po zgodbi zgodilo z Markom?

Fragen zum Verständnis

1. Wie lautet der Name der Brücke?

2. Wann wurde die Brücke gebaut?

3. Was überspannt die Brücke?

4. Wie lautet der Spitzname der Brücke?

5. Wie ist das Wetter an dem Tag, an dem die Geschichte spielt?

6. Was taten Johannes und Maria, als sie jemanden schreien hörten?

7. Wer ist ins Wasser gesprungen?

8. Wann ist Maria ins Wasser gesprungen?

9. Wie fühlten sich Johannes und Maria, als sie wieder am Ufer ankamen?

10. Was geschah mit Marko nach der Geschichte?

Postrv

Reka je bila hladna, postrvi pa so **grizle**. Bil je popoln dan za ribolov. Postrvi obožujejo hladno vodo, zato hladnejša kot je, bolje grizejo. Že več ur sem bil na vodi, vendar nisem ujel še ničesar. Začel sem biti **razočaran**. Morda ta dan vendarle ne bo tako popoln. Ravno ko sem nameraval obupati, sem začutil poteg za vrvico. Končno! Privlekel sem svoj ulov in občudoval **čudovito** ribo, preden sem jo vrgel nazaj v vodo. Bilo je že pozno, vendar nisem hotel oditi. Končno sem ujel postrv in odločen sem bil, da bom ujel še eno. Sonce je zahajalo, a hladen zrak mi je bil prijeten na obrazu. Ponovno sem vrgel vrvico in **potrpežljivo** čakal.

Nenadoma sem začutil še en poteg in še preden sem se zavedel, sem dobil še eno postrv! Ta je bila še večja od prve. Smejal sem se, ko sem jo vlekel in se počutil **zmagoslavno**. Morda ta dan vendarle ni bil tako slab. Ob sončnem zahodu sem se končno odločil, da spakiram in se odpravim domov. Bilo mi je hladno, bil pa sem tudi utrujen in lačen. Ujel sem dve postrvi in to mi je bilo dovolj. Domov sem se vrnil z **vzmetjo v** koraku, srečen in zadovoljen. Morda dan ni bil popoln, kot sem sprva mislil, da bo, vendar se je na koncu izkazal za precej dobrega. Ko sem vstopil skozi **vrata,** me je žena pozdravila z nasmehom. "Kakšen je bil tvoj

Forelle

Der Fluss war kalt und die Forellen **bissen**. Es war ein perfekter Tag zum Angeln. Forellen lieben kaltes Wasser, und je kälter es ist, desto besser beißen sie an. Ich war schon seit Stunden unterwegs, aber ich hatte noch nichts gefangen. Langsam wurde ich **frustriert**. Vielleicht sollte es doch kein so perfekter Tag werden. Gerade als ich aufgeben wollte, spürte ich ein Ziehen an meiner Leine. Endlich! Ich holte meinen Fang ein und bewunderte den **schönen** Fisch, bevor ich ihn wieder ins Wasser warf. Es war schon spät, aber ich wollte noch nicht gehen. Endlich hatte ich eine Forelle gefangen, und ich war fest entschlossen, noch eine zu fangen. Die Sonne ging schon unter, aber die kalte Luft tat mir gut. Ich warf meine Angel wieder aus und wartete **geduldig**.

Plötzlich spürte ich einen weiteren Ruck und ehe ich mich versah, hatte ich eine weitere Forelle an Land gezogen! Diese war sogar noch größer als die erste. Ich lachte, als ich sie einholte, und fühlte mich **triumphierend**. Vielleicht war der Tag doch nicht so schlecht. Als die Sonne unterging, beschloss ich schließlich, meine Sachen zu packen und nach Hause zu fahren. Mir war kalt, aber ich war auch müde und hungrig. Ich hatte zwei Forellen gefangen, und das

dan, dragi?" je vprašala. "Bil je dober," sem odgovoril. "Ujel sem dve postrvi." Zasmejala se je in zmajala z **glavo**. "To je moj mož, ribič."

Naslednji dan sem se zgodaj zbudil in se odpravil nazaj k **reki**. Bil sem odločen, da bom ujel še več postrvi. Sijalo je sonce in voda je bila videti vabljiva. Vrgel sem vrvico in potrpežljivo čakal. **Kmalu** sem spet začutil, kako me je potegnilo za vrvico. Še ena postrv! Ta je bila še večja od prejšnjih dveh. Z veseljem sem se zasmejal, ko sem jo **navijal.** Popolna! Ta dan se je vendarle izkazal za popolnega. Do konca tedna sem se vsak dan vračal k reki. In vsak dan sem ujel več postrvi. Nekatere dni sem ujel dve, druge dni tri ali štiri. Toda ne glede na to, koliko sem jih ujel, je bil dan vedno **popoln.**

war genug für mich. Ich ging **beschwingt** nach Hause und fühlte mich glücklich und zufrieden. Es war zwar nicht der perfekte Tag, wie ich ihn mir ursprünglich vorgestellt hatte, aber er war doch ziemlich gut. Als ich zur **Tür hereinkam**, begrüßte mich meine Frau mit einem Lächeln. "Wie war dein Tag, Schatz?", fragte sie. "Er war gut", antwortete ich. "Ich habe zwei Forellen gefangen." Sie lachte und schüttelte den **Kopf**. "Das ist mein Mann, der Angler."

Am nächsten Tag wachte ich früh auf und ging zurück zum **Fluss**. Ich war fest entschlossen, mehr Forellen zu fangen. Die Sonne schien und das Wasser sah einladend aus. Ich warf meine Angel aus und wartete geduldig. Es dauerte nicht **lange**, bis ich wieder ein Ziehen an der Schnur spürte. Noch eine Forelle! Diese war sogar noch größer als die letzten beiden. Ich lachte vor Freude, als ich sie einholte. Perfekt! Dieser Tag sollte doch noch perfekt werden. Für den Rest der Woche ging ich jeden Tag wieder an den Fluss. Und jeden Tag fing ich mehr Forellen. An manchen Tagen fing ich zwei, an anderen Tagen drei oder vier. Aber egal, wie viele ich fing, es fühlte sich immer wie ein **perfekter** Tag an.

Vprašanja za razumevanje

1. Kaj avtor pravi o postrvih?

2. Kako se avtor počuti, ko ne ujame nobene postrvi?

3. Zakaj avtor meni, da ta dan morda ne bo popoln?

4. Kaj se zgodi, ko avtor končno ujame postrv?

5. Kako se avtor počuti, ko ujameta drugo postrv?

6. Zakaj se avtor odloči, da gre domov?

7. Kaj mu reče avtorjeva žena, ko pride domov?

8. Kako se avtor počuti naslednji dan?

9. Kaj se dogaja v preostanku tedna?

10. Zakaj avtor pravi, da je vsak dan popoln dan?

Fragen zum Verständnis

1. Was sagt der Autor über Forellen?

2. Wie fühlt sich der Autor, wenn er keine Forellen gefangen hat?

3. Warum ist der Autor der Meinung, dass dieser Tag nicht perfekt sein könnte?

4. Was passiert, wenn der Autor schließlich eine Forelle fängt?

5. Wie fühlt sich der Autor, als sie ihre zweite Forelle fangen?

6. Warum beschließt der Autor, nach Hause zu fahren?

7. Was sagt die Frau des Autors zu ihm, als er nach Hause kommt?

8. Wie fühlt sich der Autor am nächsten Tag?

9. Was passiert in der restlichen Woche?

10. Warum sagt der Autor, dass sich jeder Tag wie ein perfekter Tag anfühlt?

Na plaži

Po sončnem vzhodu so valovi glasnejši in pesek nad plimo je bel. Sprehodim se do plaže in **občudujem** morje in sonce. S prsti na nogah čutim žlebove školjk. Pesek je hladen na mojih prstih. Nasmehnem se in grem naprej. Plima je visoka, zato moram biti previden, da me ne potegne v morje. Hodim ob robu vode in občudujem morje. Sončni vzhod je **čudovit in** valovi se razbijajo. Počutim se tako mirno. Pridem do kraja, kjer je skalni osamelec. Usedem se in opazujem valove. Voda je tako modra in nebo tako **oranžno**. Počutim se, kot da sem v sanjah. Zaprem oči in poslušam valove. Dolgo sem sedela tam, dokler nisem zaslišala, da me nekdo kliče po imenu.

Odprem oči in zagledam mamo, ki mi hodi naproti. Na obrazu ima zaskrbljen pogled. Nasmehnem se in ji pomaham, ona pa **se sprosti**. "Spraševala sem se, kam si šla," reče. "Vesela sem, da uživaš na plaži." Odgovorim: "Uživam." "Tukaj je tako lepo." "Vem," reče. "Ko sem bila tvojih let, sem ves čas hodila sem." "Res?" Vprašam. "Ja," odgovori. "To je poseben kraj." "Si tu kdaj srečala koga posebnega?" Vprašam ga. "Ja," odgovori z nasmehom. "Tvojega očeta." "Res?" **Presenečeno** rečem. "Da," reče. "Ves čas sva hodila sem skupaj. Tu sva se zaljubila. " Nasmehnem se in **si predstavljam, kako** sta se moja starša zaljubila na

Am Strand

Nach Sonnenaufgang sind die Wellen lauter und der Sand über der Flut ist weiß. Ich gehe hinunter zum Strand, **bewundere** das Meer und die Sonne. Meine Zehen spüren die Rillen der Muscheln. Der Sand ist kalt an meinen Zehen. Ich lächle und gehe weiter. Die Flut ist hoch, also muss ich aufpassen, dass ich nicht hineingezogen werde. Ich laufe am Ufer entlang und bewundere das Meer. Der Sonnenaufgang ist **wunderschön**, und die Wellen plätschern. Ich fühle mich so friedlich. Ich komme zu einer Stelle, an der ein Felsvorsprung steht. Ich setze mich hin und beobachte die Wellen. Das Wasser ist so blau und der Himmel ist so **orange**. Ich fühle mich wie in einem Traum. Ich schließe die Augen und lausche einfach nur den Wellen. Ich saß lange Zeit dort, bis ich hörte, wie jemand meinen Namen rief.

Ich öffne meine Augen und sehe meine Mutter auf mich zukommen. Sie hat einen besorgten Ausdruck im Gesicht. Ich lächle und winke, und sie **entspannt sich**. "Ich habe mich schon gefragt, wo du bist", sagt sie. "Ich freue mich, dass du den Strand genießt." Ich antworte: "Das tue ich." "Es ist so schön hier." "Ich weiß", sagt sie. "Als ich in deinem Alter war, bin ich ständig hierhergekommen." "Wirklich?" frage ich. "Ja", antwortet sie. "Es ist ein besonderer Ort.""Hast du

tej čudoviti plaži. "To je poseben kraj," ponovi. "Vesela sem, da si danes prišel sem."

Še nekaj časa sedimo tam in **opazujemo** valove in sončni zahod. Nato vstanemo in se vrnemo k svojim brisačam na plaži. Ležim in gledam zvezde. Počutim se tako srečno in zadovoljno. Valovi so zdaj glasnejši in pesek je hladen. Sonce zahaja in piha hladen vetrič. Valovi se razbijajo ob obalo in v zraku je čutiti vonj po soli. To je popoln večer za na plaži. Sprehajam se ob obali, **poslušam** šumenje valov in opazujem sončni zahod. Vidim skupino ljudi, ki sedijo na pesku, se smejijo in šalijo. Videti je, kot da se odlično zabavajo. Pristopim do njih in jih vprašam, ali se jim lahko pridružim. Odgovorijo pritrdilno in preostanek večera se pogovarjamo, smejimo in opazujemo **sončni zahod**. To je popoln večer. S skupino se pogovarjamo, dokler sonce ne zaide. Izmenjujemo si zgodbe in šale ter se vsi odlično zabavamo.

hier jemals jemand Besonderen getroffen?" frage ich. "Ja", antwortet sie mit einem Lächeln. "Deinen Vater." "Wirklich?" sage ich **erstaunt**. "Ja", sagt sie. "Wir waren früher immer zusammen hier. Hier haben wir uns verliebt. "Ich lächle und **stelle mir** meine Eltern **vor, wie sie sich** an diesem schönen Strand verlieben. "Es ist ein besonderer Ort", wiederholt sie. "Ich bin froh, dass du heute hierher gekommen bist."

Wir sitzen noch eine Weile da und **beobachten** die Wellen und den Sonnenuntergang. Dann stehen wir auf und gehen zurück zu unseren Strandtüchern. Ich lege mich hin und schaue mir die Sterne an. Ich fühle mich so glücklich und zufrieden. Die Wellen sind jetzt lauter, und der Sand ist kalt. Die Sonne geht unter und eine kühle Brise weht. Die Wellen schlagen gegen das Ufer, und der Geruch von Salz liegt in der Luft. Es ist ein perfekter Abend, um am Strand zu sein. Ich spaziere am Ufer entlang, **lausche dem** Rauschen der Wellen und beobachte den Sonnenuntergang. Ich sehe eine Gruppe von Leuten, die lachend und scherzend im Sand sitzen. Sie sehen aus, als hätten sie eine tolle Zeit. Ich gehe zu ihnen hin und frage, ob ich mich zu ihnen setzen darf. Sie sagen ja, und wir verbringen den Rest des Abends damit, uns zu unterhalten, zu lachen und den **Sonnenuntergang** zu beobachten. Es ist ein perfekter Abend. Die Gruppe und ich unterhalten uns, bis die Sonne untergeht. Wir tauschen Geschichten und Witze aus und haben alle eine tolle Zeit.

Vprašanja za razumevanje

1. Kam gre pripovedovalka, ko se zbudi?

2. Kaj pripovedovalka občuduje, ko se sprehaja po plaži?

3. Na kaj mora biti pripovedovalka pozorna, ko hodi po plaži?

4. Kje se pripovedovalec usede, da bi užival v razgledu?

5. Kako dolgo pripovedovalec sedi tam?

6. Koga vidi pripovedovalka, ko ponovno odpre oči?

7. Kaj reče pripovedovalčeva mati?

8. O čem se pripovedovalka in ljudje, ki jih sreča, pogovarjajo?

Fragen zum Verständnis

1. Wohin geht die Erzählerin, nachdem sie aufgewacht ist?

2. Was bewundert die Erzählerin, während sie am Strand entlanggeht?

3. Worauf muss die Erzählerin aufpassen, wenn sie am Strand entlanggeht?

4. Wo setzt sich der Erzähler hin, um die Aussicht zu genießen?

5. Wie lange sitzt der Erzähler dort?

6. Wen sieht die Erzählerin, als sie ihre Augen wieder öffnet?

7. Was sagt die Mutter des Erzählers?

8. Worüber sprechen die Erzählerin und die Menschen, die sie trifft?

Kampiranje ob jezeru

Hodim proti jezeru in **občudujem** mirnost prizora.
Sonce sija nad majhnim jezerom, zaradi česar je voda
videti kot steklo. Edino gibanje je občasno valovanje
ribe, ki **razbije** gladino. Zdi se, da si celo ptice
oddahnejo od vročine, saj je v zraku slišati le zvok
cikad. **Nenadoma** mir prekine glasen pljusk. Iz vode
skoči velika **riba in** poskuša ujeti zmajčka. Riba zgreši
cilj in s pljuskanjem pade nazaj v vodo. "Vau," si mislim,
"to je bila velika riba!" Ozrl sem se naokoli, da bi videl,
ali jo je videl še kdo, vendar ni bilo nikogar. Mislim, da
jim bom moral povedati, ko se bom vrnil v tabor.

Vročina je **utesnjujoča,** zato težko dihate. Zrak je gost
in težak, kot odeja, ki se ovije okoli vas. Edino olajšanje
je voda. Ta je hladna in osvežilna, kot hladen napitek
na vroč dan. Globoko vdihnem in se potopim v vodo.
Ko me obkroži hladna voda, takoj začutim olajšanje.
Plavam do dna in nato nazaj na površje ter čutim, kako
voda hladi moje telo. Nadaljujem s **plavanjem v** krogih
in uživam v oddihu od vročine. Čez nekaj časa izstopim
iz vode in se uležem na travo, da mi sonce posuši
telo. Zaprem oči in zaspim, zvok **cikad** me zaziblje v
globok spanec. Pustim, da sonce iz moje kože izžge
vodo. Čutim, da moja koža postaja rdeča, vendar mi

Camping am See

Ich gehe auf den See zu und **bewundere** die Ruhe, die hier herrscht. Die Sonne brennt auf den kleinen See und lässt das Wasser wie eine Glasscheibe aussehen. Die einzige Bewegung ist das gelegentliche Plätschern eines Fisches, der die Oberfläche durchbricht. Selbst die Vögel scheinen sich von der Hitze zu erholen, denn nur das Zirpen der Zikaden erfüllt die Luft. **Plötzlich wird** die Ruhe durch ein lautes Plätschern unterbrochen. Ein großer **Fisch ist aus dem** Wasser gesprungen und versucht, eine Libelle zu fangen. Der Fisch verfehlt sein Ziel und fällt mit einem Platschen zurück ins Wasser. "Wow", denke ich mir, "das war ein großer Fisch!". Ich schaue mich um, um zu sehen, ob ihn noch jemand gesehen hat, aber es ist niemand da. Ich werde es ihnen wohl erzählen müssen, wenn ich zum Camp zurückkehre.

Die Hitze ist **drückend** und macht das Atmen schwer. Die Luft ist dick und schwer, wie eine Decke, die einen einhüllt. Die einzige Erleichterung bietet das Wasser. Es ist kühl und erfrischend, wie ein kaltes Getränk an einem heißen Tag. Ich atme tief ein und tauche ins Wasser ein. Die Erleichterung tritt sofort ein, als mich das kühle Wasser umgibt. Ich schwimme auf den Grund

je vseeno. Preveč mi je vroče, da bi mi bilo vseeno. Naslednje, kar vem, je, da sonce zahaja. Nebo je prekrasno oranžno, z rožnatimi in vijoličastimi progami. Vročine ni več, zamenja jo hladen **vetrič**.

Vstanem in se oblečem, počutim se sveže in pomlajeno. Globoko **vdihnem** hladen zrak in se nasmehnem. Dobro se počutim, da sem živa. Vrnem se v kamp in občudujem, kako barve plešejo na nebu. V daljavi vidim goreče ognjišče in v zraku začutim vonj po dimu. Nasmehnem se in **pospešim** korak. Pripravljen sem se sprostiti in uživati v preostanku večera. Vstopim v kamp in vidim, da so vsi zbrani okoli ognja. **Smejijo se** in šalijo, v njihovih očeh pa se zrcali ogenj. Nasmehnem se in se usedem poleg svojih prijateljev. Lepo je biti nazaj.

und dann wieder an die Oberfläche und spüre, wie das Wasser meinen Körper kühlt. Ich **schwimme** weiter meine Runden und genieße die Abkühlung von der Hitze. Nach einer Weile steige ich aus dem Wasser und lege mich ins Gras, damit die Sonne meinen Körper trocknen kann. Ich schließe die Augen und schlafe ein. Das **Zirpen der Zikaden** wiegt mich in einen tiefen Schlaf. Ich lasse die Sonne das Wasser aus meiner Haut brennen. Ich spüre, wie meine Haut rot wird, aber es ist mir egal. Mir ist zu heiß, als dass es mir etwas ausmachen würde, und schon geht die Sonne unter. Der Himmel färbt sich orange mit rosa und violetten Reflexen. Die Hitze ist verschwunden und wird durch eine kühle **Brise** ersetzt.

Ich stehe auf und ziehe mich wieder an, fühle mich erfrischt und verjüngt. Ich **atme** tief die kühle Luft ein und lächle. Es ist ein gutes Gefühl, lebendig zu sein. Ich laufe zurück zum Campingplatz und bewundere, wie die Farben am Himmel tanzen. In der Ferne sehe ich das Lagerfeuer brennen und kann den Rauch in der Luft riechen. Ich lächle und **beschleunige** mein Tempo. Ich bin bereit, mich zu entspannen und den Rest des Abends zu genießen. Ich betrete den Lagerplatz und sehe, dass alle um das Feuer versammelt sind. Sie **lachen** und scherzen, und ich kann sehen, wie sich das Feuer in ihren Augen spiegelt. Ich lächle und setze mich neben meine Freunde. Es ist schön, wieder hier zu sein.

Vprašanja za razumevanje

1. Kam gre sprehajalec?

2. Kakšno je vreme?

3. Kako je videti voda?

4. Kako se sprehajalec odziva na vročino?

5. Kaj počne riba?

6. Zakaj je sprehajalec sam?

7. Kakšen je občutek vode?

8. Kako se sprehajalec počuti po plavanju?

9. Ob kateri uri dneva se sprehajalec zbudi?

10. Kam gre sprehajalec, ko zapusti taborišče?

Fragen zum Verständnis

1. Wohin geht der Wanderer?

2. Was für ein Wetter ist es?

3. Wie sieht das Wasser aus?

4. Wie reagiert der Wanderer auf die Hitze?

5. Was macht der Fisch?

6. Warum ist der Wanderer allein?

7. Wie fühlt sich das Wasser an?

8. Wie fühlt sich der Wanderer nach dem Schwimmen?

9. Zu welcher Tageszeit wacht der Wanderer auf?

10. Wohin geht der Wanderer, wenn er das Lager verlässt?

Hiša

Prejšnji teden sem se preselila v svojo novo hišo in zelo sem **navdušena**! Je veliko večja od moje stare in ima veliko dvorišče. Komaj čakam, da bodo prijatelji prišli k meni na žar in zabave. **Najraje imam** svojo novo spalnico. Tako velika in svetla je in imam veliko prostora, kamor lahko pospravim vse svoje stvari. S svojo novo hišo sem zelo zadovoljna in mislim, da bom tukaj zelo srečna. Odločil sem se, da bom hišo še malo raziskal. Šel sem v drugo nadstropje in se odpravil v kuhinjo, ko sem na steni zagledal velikega črnega pajka! Zakričala sem in stekla po stopnicah navzdol. Bila sem tako **prestrašena**! Po nekaj minutah sem se pomiril in se odločil, da se vrnem v zgornje nadstropje. Počasi sem prišel do kuhinje in videl, da pajka ni več. Tako sem si oddahnila! Vrnil sem se po stopnicah in se odločil, da grem ven in raziščem **dvorišče**. Bil je tako velik! Nisem mogel verjeti. V kotu sem videl gugalnico in tobogan. Videl sem tudi košarkarsko mrežo in **trampolin**. Bil sem tako navdušen!

Komaj čakam, da uporabim vse te nove stvari. **Sosedje** so prišli in se predstavili. Zdelo se mi je, da so zelo prijazni, in nekaj časa smo se pogovarjali. Povabila sta me na njihov BBQ prihodnji konec tedna in rekel sem, da bi z veseljem prišel. Prvi teden v novi hiši

Das Haus

Letzte Woche bin ich in mein neues Haus eingezogen, und ich bin so **aufgeregt**! Es ist viel größer als mein altes, und es hat einen großen Garten. Ich kann es kaum erwarten, Freunde zum Grillen und für Partys einzuladen. Mein Lieblingsteil ist mein neues Schlafzimmer. Es ist so groß und hell, und ich habe jede Menge Platz, um all meine Sachen unterzubringen. Ich bin wirklich glücklich mit meinem neuen Haus und denke, dass ich hier sehr glücklich sein werde. Ich beschloss, das Haus noch ein bisschen zu erkunden. Ich ging nach oben in den zweiten Stock und machte mich auf den Weg in die Küche, als ich eine große schwarze Spinne an der Wand sah! Ich schrie auf und rannte die Treppe hinunter. Ich war so **erschrocken**! Aber nach ein paar Minuten beruhigte ich mich und beschloss, wieder nach oben zu gehen. Langsam machte ich mich auf den Weg In die Küche und sah, dass die Spinne weg war. Ich war so erleichtert! Ich ging wieder nach unten und beschloss, nach draußen zu gehen, um den **Garten zu** erkunden. Sie war so groß! Ich konnte es nicht glauben. Ich sah eine Schaukel in der Ecke und eine Rutsche. Ich sah auch ein Basketballnetz und ein **Trampolin**. Ich war so aufgeregt!

Ich kann es kaum erwarten, all diese neuen Sachen

je bil odličen in navdušena sem nad vsemi novimi dogodivščinami, ki so pred mano. Danes bom spet raziskoval na dvorišču in videl, kaj še lahko najdem. Kdo ve, morda bom našla celo kakšen **zaklad**. Komaj čakam, da vidim, kaj bo prinesel naslednji teden! Naslednji teden sem spet raziskoval na dvorišču in našel **skrivni** vrt. Bil je tako čudovit! Povsod so bile rože in majhen ribnik z ribami. Videl sem tudi gugalnico, ki je še nisem videl. Bil sem tako navdušen nad tem skrivnim vrtom in komaj čakam, da ga bom še raziskal. Bilo je tako **lepo**!

Povsod so bile rože in ribnik z ribami. Videl sem tudi gugalnico, ki je še nisem videl. Bil sem tako navdušen nad tem skrivnim vrtom in komaj čakam, da ga bom še bolj raziskal. Všeč mi je bila tudi moja nova soba. Bila je tako velika in svetla, na stenah pa so bili že plakati mojih najljubših glasbenih skupin.

zu benutzen. Die **Nachbarn** kamen vorbei und stellten sich vor. Sie schienen wirklich nett zu sein, und wir unterhielten uns eine Weile. Sie luden mich zu ihrem Grillfest am nächsten Wochenende ein, und ich sagte, dass ich gerne kommen würde. Ich hatte eine tolle erste Woche in meinem neuen Haus und freue mich auf all die neuen Abenteuer, die vor mir liegen. Heute werde ich wieder im Garten auf Entdeckungstour gehen und sehen, was ich noch alles finden kann. Wer weiß, vielleicht finde ich ja sogar einen **Schatz**. Ich kann es kaum erwarten, zu sehen, was die nächste Woche bringt! In der nächsten Woche bin ich wieder im Garten auf Entdeckungsreise gegangen und habe einen **geheimen** Garten gefunden. Er war so schön! Überall waren Blumen und ein kleiner Teich mit Fischen drin. Ich habe auch eine Schaukel gesehen, die ich vorher noch nie gesehen hatte. Ich war so aufgeregt, diesen geheimen Garten zu finden, und ich kann es kaum erwarten, ihn weiter zu erkunden. Er war so **schön**!

Überall gab es Blumen und einen kleinen Teich mit Fischen darin. Ich sah auch eine **Schaukel**, die ich vorher noch nicht gesehen hatte. Ich war so aufgeregt, diesen geheimen Garten zu finden, und ich kann es kaum erwarten, ihn weiter zu erkunden. Mein neues Zimmer hat mir auch gut gefallen. Es war so groß und hell, und an den Wänden hingen bereits Poster von meinen Lieblingsbands.

Vprašanja za razumevanje

1. Kje oseba živi?

2. Kako je osebi všeč v novi hiši?

3. Kateri del nove hiše je osebi najljubši?

4. Kaj je oseba našla na vrtu?

5. Kdo so sosedje?

6. Kako se je oseba počutila prve dni v novi hiši?

7. Kateri del nove sobe je osebi najljubši?

8. Kaj namerava oseba storiti jutri?

9. Kaj je bil najboljši del prvega tedna v novi hiši?

10. Kaj vse je v novi sobi te osebe?

Fragen zum Verständnis

1. Wo wohnt die Person?

2. Wie gefällt es der Person im neuen Haus?

3. Was gefällt der Person am besten an ihrem neuen Haus?

4. Was hat die Person im Garten gefunden?

5. Wer sind die Nachbarn?

6. Wie hat sich die Person in den ersten Tagen in der neuen Wohnung gefühlt?

7. Was gefällt der Person am besten an ihrem neuen Zimmer?

8. Was plant die Person morgen zu tun?

9. Was war das Beste an der ersten Woche im neuen Haus?

10. Was befindet sich alles in dem neuen Zimmer der Person?

Na vlaku

Stekel sem na železniško postajo, a sem bil prepozen. Vlak je že odpeljal brez mene. Bila sem tako **jezna** in **razočarana nad** sabo. Z vlakom sem nameravala obiskati stare starše, ki živijo na podeželju, zdaj pa bom morala na naslednji vlak čakati celo uro. Odločil sem se, da se bom raje nekaj časa sprehajal po mestu in poskušal pozabiti na zamujeno priložnost. Med hojo sem začel **sanjariti o** vseh krajih, kamor te lahko odpelje **vlak.** Nenadoma nisem bil več tako razburjen. Vrnil sem se na postajo in ne morem si pomagati, da ne bi opazil velike rdeče, bele in modre lokomotive, ki si je utirala pot proti meni. Šele ko zagledam **sprevodnika, ki** mi maha z okna, se zavem, da je ta vlak namenjen meni. Vstopim na vlak, si poiščem sedež in se namestim za dolgo potovanje, ki se mi obeta.

Ko zapeljemo s postaje, se sprašujem, kam me bo peljal ta vlak. Čez zelena **polja** in modre reke, mimo gora in dolin, ne vem, kam bo peljal ta stari vlak. Ko začne padati noč, zaspim **miren** spanec, ki ga zaziblje **ritmično** premikanje vagonov na spodnjih tirih. Ko se zjutraj spet zbudim, odprem oči in ugotovim, da smo prispeli v majhno mestece nekje sredi ničesar. Sonce ravno pokuka čez obzorje, ko se domačini začnejo sprehajati po glavni ulici; tu je videti kot vsak drug dan,

Im Zug

Ich rannte zum Bahnhof, aber ich war zu spät. Der Zug war bereits ohne mich abgefahren. Ich war so **wütend** und **enttäuscht** von mir selbst. Ich hatte geplant, mit dem Zug meine Großeltern zu besuchen, die auf dem Land leben, aber jetzt würde ich eine ganze Stunde auf den nächsten Zug warten müssen. Ich beschloss, stattdessen eine Weile durch die Stadt zu laufen und versuchte, die verpasste Gelegenheit zu vergessen. Beim Spaziergengehen begann ich von all den Orten zu **träumen, an die man mit dem Zug** gelangen kann. Plötzlich war ich nicht mehr so verärgert. Ich gehe zurück in den Bahnhof und kann nicht umhin, die große rot-weiß-blaue Lokomotive zu bemerken, die auf mich zu tuckert. Erst als ich den **Schaffner** sehe, der mir aus dem Fenster zuwinkt, wird mir klar, dass dieser Zug für mich bestimmt ist. Ich steige ein, suche mir einen Sitzplatz und mache mich auf eine lange Reise gefasst.

Als wir aus dem Bahnhof fahren, frage ich mich, wohin dieser Zug mich wohl bringen wird. Durch grüne **Felder** und über blaue Flüsse, vorbei an Bergen und Tälern - man weiß nie, wohin dieser alte Zug fahren wird. Als die Nacht hereinbricht, falle ich in einen **friedlichen** Schlaf, der von der **rhythmischen** Bewegung der Waggons auf den Gleisen unter mir eingelullt wird. Als

razen ene stvari - v bližini mestne hiše je velik napis "Dobrodošli na krovu!" Zdi se, da nas je to mestece pričakovalo, čeprav smo le navaden **potniški** vlak, ki se pelje skozi na poti drugam. Ko mesto spet pustimo za seboj in se peljemo kdo ve kam, se nasmehnem vsem prijaznim obrazom, ki nam v slovo mahajo iz hišic, stisnjenih med **kmetijska zemljišča -** res je neverjetno, kako lahko nekaj tako na videz običajnega prinese toliko veselja že samo s tem, da pelje mimo. In potem so tu seveda še **otroci**.

Nagnem se skozi okno svoje lokomotive. Vedno me razveselijo s svojimi sijočimi očmi in velikimi nasmeški. Energično jim pomaham nazaj, preden se vrnem v svojo **kabino** in se usedem. Dan je bil že tako dolg, vendar ga še ni konec; do našega končnega **cilja je** še nekaj ur. Izvlečem knjigo in začnem brati, da me ritmično zibanje vlaka zaziblje v mirno stanje.

ich am nächsten Morgen die Augen öffne, sehe ich, dass wir in einer kleinen Stadt irgendwo im Nirgendwo angekommen sind. Die Sonne lugt gerade über den Horizont, als die Einheimischen beginnen, sich auf der Hauptstraße zu bewegen. Es sieht aus wie jeder andere Tag hier, bis auf eine Ausnahme: In der Nähe des Rathauses steht ein großes Schild mit der Aufschrift "Willkommen an Bord! Es scheint, als hätte diese kleine Stadt uns erwartet, obwohl wir nur ein gewöhnlicher Personenzug sind, der auf dem Weg zu einem anderen Ziel durchfährt. Als wir die Stadt wieder hinter uns lassen und in Richtung wer weiß wohin tuckern, lächle ich über all die freundlichen Gesichter, die uns aus den kleinen Häusern zwischen den **Feldern** zuwinken - **es ist** wirklich erstaunlich, wie etwas so scheinbar Alltägliches so viel Freude bereiten kann, wenn man einfach durchfährt. Und dann sind da natürlich noch die **Kinder**.

Ich lehne mich aus dem Fenster meiner Lokomotive. Mit ihren leuchtenden Augen und ihrem breiten Grinsen machen sie mich immer so glücklich. Ich winke ihnen energisch zu, bevor ich in mein **Abteil** zurückkehre und mich setze. Es war schon ein langer Tag, aber er ist noch nicht zu Ende; es sind noch ein paar Stunden, bis wir unser endgültiges **Ziel** erreichen. Ich ziehe mein Buch heraus und beginne zu lesen, während mich das rhythmische Schaukeln des Zuges in einen friedlichen Zustand versetzt.

Vprašanja za razumevanje

1. Kam pelje vlak?

2. Kdo potuje z vlakom?

3. Kdaj odpelje vlak?

4. Kako junak pride na vlak?

5. Od kod prihaja vlak?

6. Kam bo vlak odpeljal naslednjič?

7. Kdaj so prispeli potniki?

8. Kako se junak počuti, ko zamudi vlak?

9. Kako se odzove strojevodja, ko zagleda glavnega junaka?

Fragen zum Verständnis

1. Wohin fährt der Zug?

2. Wer reist mit dem Zug?

3. Wann fährt der Zug ab?

4. Wie kommt der Protagonist in den Zug?

5. Woher kommt der Zug?

6. Wohin fährt der Zug als nächstes?

7. Wann sind die Passagiere angekommen?

8. Wie fühlt sich der Protagonist, als er den Zug verpasst?

9. Wie reagiert der Zugführer, als er den Protagonisten sieht?

Kuhanje večerje

Ura je pet popoldne in grem iz službe domov. Veselim **se** mirnega večera doma s partnerjem. Skupaj bova pripravila večerjo in se nato do konca noči sprostila. Dobro se počutim, ko vem, da ta **večer** nimam nobenih načrtov ali obveznosti. Pridem domov in moj partner je že v kuhinji in začne pripravljati najino večerjo. Tu **neverjetno** diši! Med kuhanjem se pogovarjamo in si pripovedujemo o svojih dnevih ter delimo zgodbice iz najinega poklicnega življenja. Kuhinja je moj najljubši prostor v našem stanovanju. Rada kuham in še posebej rada kuham s svojim partnerjem. Vedno se imava tako lepo, ko se smejeva in šaliva, medtem ko kuhava. Poleg tega je hrana vedno **neverjetna,** ko delava **skupaj**.

Danes bomo pripravili enega mojih najljubših receptov: **piščanca** parmezana. Moj partner začne s stepanjem piščanca, jaz pa na **štedilniku** kuham omako. Delujeva skupaj kot dobro naoljen stroj in kmalu je večerja pripravljena za serviranje. Sedemo za našo majhno kuhinjsko mizo s **krožniki, na katerih so** piščanec parmezan, testenine in solata. Sklenemo kozarce in prvič ugriznemo - in to je **božansko**! Piščanec je zunaj hrustljav, znotraj pa sočen; omaka je aromatična in popolna; testenine so kuhane al dente ... vse je danes popolnoma popolnega okusa. Oba veva, da je bil to

Abendessen kochen

Es ist jetzt 17 Uhr und ich gehe von der Arbeit nach Hause. Ich freue **mich** auf einen ruhigen Abend zu Hause mit meinem Partner. Wir werden gemeinsam kochen und uns dann den Rest des Abends entspannen. Es ist ein gutes Gefühl, zu wissen, dass ich heute **Abend** keine Pläne oder Verpflichtungen habe. Als ich zu Hause ankomme, steht mein Partner bereits in der Küche und beginnt mit der Zubereitung unseres Abendessens. Es riecht **fantastisch** hier drin! Während wir kochen, plaudern wir über den Tag des anderen und erzählen uns kleine Geschichten aus unserem Arbeitsleben. Die Küche ist mein Lieblingsraum in unserer Wohnung. Ich liebe es zu kochen, und ganz besonders liebe ich es, mit meinem Partner zu kochen. Wir haben immer so viel Spaß hier drin, lachen und scherzen, während wir kochen. Außerdem ist das Essen immer **unglaublich**, wenn wir **zusammen** arbeiten.

Heute Abend machen wir eines meiner absoluten Lieblingsrezepte: **Hähnchen** Parmesan. Mein Partner beginnt mit dem Panieren des Hähnchens, während ich die Soße auf dem **Herd** zum Kochen bringe. Wir arbeiten zusammen wie eine gut geölte Maschine, und schon bald ist das Abendessen servierfertig. Wir

eden od tistih večerov, ko se je vse skupaj odlično sestavilo, ko sva **uživala v** vsakem grižljaju slastnega obroka. Okus je bil še boljši, kot je dišal - kar je bilo prekleto dobro! Obrok sva končala razmeroma hitro, saj danes nihče od naju ni bil posebej lačen, vendar sva si vzela čas in uživala še v nekaj **kozarcih** vina, medtem ko sva lahkotno klepetala o tej in oni temi. Po večerji skupaj hitro pospravimo in se nato preselimo v dnevno sobo, kjer **se** nekaj časa **objemamo** na kavču ob gledanju televizije.

Po dolgem **delovnem** dnevu, ki ga preživimo ločeno, je tako prijetno biti blizu drug drugemu. Počutim se zadovoljno. Čeprav nisva imela razgibanega večera, je bilo lepo preživeti nekaj časa skupaj, ne da bi morala zapustiti hišo. Ogledala sva si film in šla zgodaj spat, saj sva se počutila **zadovoljna z** najinim preprostim večerom.

setzen uns an unseren kleinen Küchentisch mit **Tellern voller** Hähnchen Parmesan, Nudeln und Salat. Wir stoßen mit den Gläsern an und nehmen unseren ersten Bissen - und der ist **himmlisch**! Das Hähnchen ist außen knusprig, aber innen saftig; die Soße ist würzig und perfekt; die Nudeln sind al dente gekocht... alles schmeckt heute Abend absolut perfekt. Wir wissen beide, dass dies einer dieser Abende war, an denen alles perfekt zusammenpasst, und wir **genießen** jeden einzelnen Bissen unseres köstlichen Essens. Es hat sogar noch besser geschmeckt, als es gerochen hat - und das war verdammt gut! Wir sind relativ schnell fertig mit dem Essen, da keiner von uns heute besonders hungrig ist, aber wir lassen uns Zeit und genießen noch ein paar **Gläser** Wein, während wir uns über dieses und jenes Thema unterhalten. Nach dem Essen räumen wir schnell zusammen auf und gehen dann ins Wohnzimmer, wo wir noch eine Weile auf der Couch **kuscheln** und fernsehen.

Es ist so schön, sich nach einem langen **Arbeitstag** einfach nur nahe zu sein. Ich fühle mich zufrieden. Auch wenn wir keinen ereignisreichen Abend hatten, war es schön, einfach etwas Zeit miteinander zu verbringen, ohne das Haus verlassen zu müssen. Wir haben uns einen Film angesehen und sind früh ins Bett gegangen, weil wir mit unserem einfachen Abend **zufrieden waren**.

Vprašanja za razumevanje

1. Od kod prihaja pripovedovalec?

2. Kaj pripovedovalec počne po službi?

3. Kaj pripovedovalec poje za večerjo?

4. Zakaj je pripovedovalcu všeč kuhinja?

5. Kakšno jed pripravlja par?

6. Kako se pripovedovalec počuti ob koncu večera?

7. Kaj par najraje počne?

8. Kaj počneta, ko se utrudita?

9. Kje spijo?

10. Zakaj pripovedovalec rad ostaja doma?

Fragen zum Verständnis

1. Woher kommt der Erzähler?

2. Was macht der Erzähler nach der Arbeit?

3. Was isst der Erzähler zum Abendessen?

4. Warum mag der Erzähler die Küche?

5. Was für ein Gericht kocht das Paar?

6. Wie fühlt sich der Erzähler am Ende des Abends?

7. Was ist die Lieblingsbeschäftigung des Paares?

8. Was tun die beiden, wenn sie müde werden?

9. Wo schlafen sie?

10. Warum bleibt der Erzähler gerne zu Hause?

Hoja domov

Ko sem se vračal domov iz službe, je bila **mirna** noč. Med hojo sem se ob spominih nasmehnila. Dobro se mi je zdelo, da sem se vrnil v svojo staro sosesko. Pomahal sem nekaj ljudem, ki sem jih poznal, in oni so mi pomahali nazaj. Dobro je bilo biti doma. Hodil sem mimo svoje stare šole in **se spominjal** vseh lepih trenutkov, ki sem jih preživel s prijatelji. Vedno smo se skupaj vračali domov in se pogovarjali o svojem dnevu. **Včasih smo** se ustavili na sladoledu ali šli v park. To so bili najlepši časi. Pogrešam jih. Toda zdaj imam svojo družino in sem zadovoljen s svojim življenjem. Vesela sem, da se lahko ob teh spominih nasmehnem. So del mojega življenja, ki ga bom vedno cenila. To so bili najboljši časi. Pogrešam jih. Toda zdaj imam svojo družino in sem zadovoljen s svojim življenjem. Vesela sem, da se lahko ob teh **spominih** ozrem nazaj in se nasmehnem. So del mojega življenja, ki ga bom vedno cenil.

Hodim naprej in razmišljam o lepih trenutkih, ki sem jih preživel s prijatelji. Vem, da jih bom kmalu spet videl. Odpravim se proti domu in se odločim, da se sprehodim po bližnjem parku. Sonce zahaja in nebo se obarva v **čudovito** oranžno barvo. Park je prazen, razen nekaj ptic, ki čivkajo na drevesih. Globoko **vdihnem in** se

Nach Hause gehen

Es war eine **friedliche** Nacht, als ich von der Arbeit nach Hause ging. Als ich ging, konnte ich nicht anders, als über die Erinnerungen zu lächeln. Es fühlte sich gut an, wieder in meiner alten Nachbarschaft zu sein. Ich winkte ein paar Leuten zu, die ich kannte, und sie winkten zurück. Es war schön, wieder zu Hause zu sein. Ich ging an meiner alten Schule vorbei und **erinnerte mich an** all die schönen Zeiten, die ich mit meinen Freunden hatte. Wir gingen immer zusammen nach Hause und sprachen über unseren Tag. **Manchmal hielten** wir an, um ein Eis zu essen oder in den Park zu gehen. Das waren die besten Zeiten. Ich vermisse diese Zeiten. Aber jetzt habe ich meine eigene Familie und bin glücklich mit meinem Leben. Ich bin froh, dass ich auf diese Erinnerungen zurückblicken und lächeln kann. Sie sind ein Teil meines Lebens, den ich immer in Ehren halten werde. Das waren die besten Zeiten. Ich vermisse diese Zeiten. Aber jetzt habe ich meine eigene Familie und bin glücklich mit meinem Leben. Ich bin froh, dass ich auf diese **Erinnerungen** zurückblicken und lächeln kann. Sie sind ein Teil meines Lebens, den ich immer in Ehren halten werde.

Ich gehe weiter und denke an die schöne Zeit, die ich mit meinen Freunden hatte. Ich weiß, dass ich sie bald

nasmehnem. Ko se sprehajam po parku, zagledam padajočo zvezdo, ki se razteza po nebu. Zaželela sem si, da bi jo videla, in šla naprej. Razmišljam o svojem dnevu v službi in o tem, kako **miren** je bil. Pri sebi se nasmehnem in pomislim, kakšno srečo imam, da imam tako dobro službo. Hodim domov in na koži **čutim** hladen nočni zrak. Počutim se tako živahno in srečno, ker uživam v preprosti hoji domov v mirni noči.
Počutil sem se tako dobro, da sem začel **žvižgati**. Šel sem mimo nekaj ljudi na ulici, vendar so se vsi ukvarjali s svojimi zadevami.

Zavil sem za vogal svoje ulice in zagledal sosedovega mačka, gospoda Whiskersa, ki je sedel na verandi. Pozdravil sem ga, on pa mi je pomežiknil. **Odklenil** sem vrata in vstopil. Bila sem zelo vesela, da sem doma. Sezula sem si čevlje in se pripravila za spanje. Tisto noč sem šel spat srečen in hvaležen, moje srce pa je bilo polno ljubezni. Ponoči sem mirno spala in me ni nič skrbelo.

wiedersehen werde. Ich mache mich auf den Weg nach Hause und beschließe, durch einen nahe gelegenen Park zu gehen. Die Sonne geht gerade unter und der Himmel färbt sich in ein **schönes** Orange. Der Park ist leer, bis auf ein paar Vögel, die in den Bäumen zwitschern. Ich **atme** tief ein und lächle. Als ich durch den Park gehe, sehe ich eine Sternschnuppe über den Himmel huschen. Ich wünsche mir etwas von dieser Sternschnuppe und laufe weiter. Ich denke an meinen Arbeitstag und daran, wie **friedlich** er war. Ich lächle vor mich hin und denke daran, wie viel Glück ich habe, einen so tollen Job zu haben. Ich gehe nach Hause und **spüre** die kühle Nachtluft auf meiner Haut. Ich fühle mich so lebendig und glücklich, weil ich es einfach genieße, in einer friedlichen Nacht nach Hause zu gehen. Ich fühlte mich so gut, dass ich anfing zu **pfeifen**. Ich ging an ein paar Leuten auf der Straße vorbei, aber sie kümmerten sich alle um ihre eigenen Angelegenheiten.

Ich bog um die Ecke in meine Straße und sah die Katze meines Nachbarn, Mr. Whiskers, auf meiner Veranda sitzen. Ich grüßte ihn, und er miaute zurück. Ich **schloss** meine Tür auf und ging hinein. Ich war so froh, zu Hause zu sein. Ich zog meine Schuhe aus und machte mich bettfertig. Ich ging an diesem Abend mit einem Gefühl der Freude und Dankbarkeit ins Bett, mein Herz war voller Liebe. Ich schlief die ganze Nacht durch und machte mir keine Sorgen.

Vprašanja za razumevanje

1. Kaj je počel glavni junak, ko se je zgodba začela?

2. O čem je protagonist razmišljal, ko je hodil domov?

3. Kaj je protagonist po šoli počel s prijatelji?

4. Kaj protagonist pogreša v tistih časih?

5. Kaj protagonist meni o svojem sedanjem življenju?

6. Kaj stori glavni junak, ko zagleda padajočo zvezdo?

7. Kako se junak počuti, ko gre domov?

8. Kaj stori glavni junak, ko pride domov?

9. Kako se junak počuti, ko se naslednje jutro zbudi?

10. Kaj protagonist počne naslednji dan?

Fragen zum Verständnis

1. Was machte der Protagonist, als die Geschichte begann?

2. Woran hat der Protagonist auf dem Heimweg gedacht?

3. Was hat der Protagonist nach der Schule mit seinen Freunden gemacht?

4. Was vermisst der Protagonist aus dieser Zeit?

5. Was denkt der Protagonist über sein derzeitiges Leben?

6. Was tut der Protagonist, wenn er eine Sternschnuppe sieht?

7. Wie fühlt sich der Protagonist, wenn er nach Hause geht?

8. Was macht der Protagonist, wenn er nach Hause kommt?

9. Wie fühlt sich der Protagonist, wenn er am nächsten Morgen aufwacht?

10. Was macht der Protagonist am nächsten Tag?

Grad

Družina si je že od nekdaj želela obiskati stari grad
v **Nemčiji** in končno se je odpravila na potovanje.
Niso bili **razočarani**. Grad je bil čudovit in uživali so v
raziskovanju njegovih številnih sob in hodnikov. Prva
stvar, ki jih je presenetila, je bil vonj. Našli so **plesen**,
vlago in še nekaj drugega, česar niso znali določiti.
Druga stvar je bil zvok. Kamniti zidovi so sicer debeli,
vendar zvoka ne utišajo popolnoma. Slišala sta vsak
korak, vsako besedo, izrečeno z normalnim glasom, in
občasno kapljanje vode **nekje v** daljavi. Ko so se njune
oči prilagodile šibki svetlobi, sta zagledala masivne
kamnite zidove, ki so se dvigali okoli njiju, in tapiserije,
ki so v **raztrganih** kosih visele z njih. Stala sta v
ogromni dvorani z visokim stropom, ki so ga podpirali
izklesani stebri. Všeč jim je bil tudi razgled z vežic,
otroci pa so se odlično zabavali ob tekanju po okolici.
Ko so končali z raziskovanjem gradu, je **sonce** začelo
zahajati in obžalovali so, da s seboj niso vzeli **svetilke**.
Odločili so se, da se bodo vrnili do vhoda, vendar so
se kmalu izgubili. Hodila sta naokrog, kot da bi se jima
zdelo več ur, dokler nista končno naletela na vrata, ki so
vodila ven. Nadaljevala sta, dokler nista prišla **na** konec
hodnika in se znašla pred impozantnimi dvojnimi vrati.
Ko sta se trudila, se vrata niso premaknila. **Zловešče so**
zadrgetala, vendar se niso premaknila niti za milimeter.

Das Schloss

Die Familie wollte schon immer ein altes Schloss in **Deutschland** besichtigen, und schließlich machten sie sich auf den Weg. Sie wurden nicht **enttäuscht**. Das Schloss war wunderschön, und sie genossen es, die vielen Räume und Gänge zu erkunden. Das erste, was ihnen auffiel, war der Geruch. Sie fanden **Schimmel**, Feuchtigkeit und etwas anderes, das sie nicht genau zuordnen konnten. Das zweite war der Klang. Steinmauern sind zwar dick, aber sie dämpfen den Schall nicht vollständig. Sie hörten jeden Schritt, jedes Wort, das mit normaler Stimme gesprochen wurde, und das gelegentliche Tröpfeln von Wasser **irgendwo** in der Ferne. Als sich ihre Augen an das schwache Licht gewöhnt hatten, sahen sie um sich herum massive Steinwände, an denen Wandteppiche in **Fetzen** hingen. Sie befanden sich in einer riesigen Halle mit einer hohen Decke, die von geschnitzten Säulen getragen wurde. Auch die Aussicht von den Türmen gefiel ihnen, und die Kinder hatten viel Spaß beim Herumtollen auf dem Gelände. Als sie mit der Erkundung des Schlosses fertig waren, ging die **Sonne** bereits unter, und sie bedauerten, dass sie keine **Taschenlampe** mitgenommen hatten. Sie beschlossen, sich auf den Rückweg zum Eingang zu machen, aber sie hatten sich bald verlaufen. Sie irrten gefühlte Stunden umher,

Videti je bilo, da je moral tisti, ki je bil tu prej, iti skozi ta vrata in jih od znotraj zakleniti. Nazadnje sta našla izhod. Ko sta stopila na hladen nočni zrak, ju je oblilo olajšanje.

Sonce je začelo zahajati in **obžalovala** sta**, da** nista vzela svetilke. Odločila sta se, da se bosta vrnila do vhoda, vendar sta se kmalu izgubila. Več ur sta tavala naokoli, dokler nista končno naletela na vrata, ki so vodila **ven**. Ko sta stopila ven na hladen nočni zrak, ju je oblilo olajšanje. Naslednji večer sta s seboj vzela svetilko, ko sta raziskovala preostali del gradu. Sprehodila sta se po **dvorišču** in se spustila do reke, ki je tekla za **grajskim** obzidjem. Med hojo sta začela slišati čudne zvoke. Zdelo se je, kot da jim nekdo sledi. Pospešila sta korak, vendar so bili zvoki vedno glasnejši in bližje. Družina je stekla nazaj v grad, kolikor je le mogla, in z olajšanjem ugotovila, da jim lik v **temnem** plašču ni sledil.

bis sie schließlich auf eine Tür stießen, die nach draußen führte. Sie gingen weiter, bis sie das Ende des Flurs **erreichten** und vor einer imposanten Doppeltür standen. So sehr sie sich auch bemühten, die Türen rührten sich nicht. Sie klapperten **bedrohlich**, aber sie bewegten sich keinen Zentimeter. Es sah so aus, als ob derjenige, der vorher hier war, hier durchgegangen sein musste und sie von innen verriegelt hatte. Schließlich fanden sie einen Weg nach draußen. Erleichterung überkam sie, als sie in die kühle Nachtluft hinaustraten.

Die Sonne begann unterzugehen, und sie **bedauerten,** dass sie keine Taschenlampe mitgenommen hatten. Sie beschlossen, sich auf den Weg zurück zum Eingang zu machen, aber sie hatten sich bald verlaufen. Sie irrten gefühlte Stunden umher, bis sie schließlich auf eine Tür stießen, die **nach draußen** führte. Erleichterung machte sich in ihnen breit, als sie in die kühle Nachtluft hinaustraten. Am nächsten Abend nahmen sie auf jeden Fall eine Taschenlampe mit, um den Rest des Schlosses zu erkunden. Sie gingen durch den **Innenhof** und hinunter zum Fluss, der hinter den Schlossmauern verlief. Als sie umhergingen, hörten sie seltsame Geräusche. Es hörte sich an, als würde sie jemand verfolgen. Sie beschleunigten ihren Schritt, aber die Geräusche wurden lauter und kamen näher. Die Familie rannte so schnell sie konnte zum Schloss zurück und war erleichtert, dass die Gestalt in dem **dunklen** Mantel ihnen nicht gefolgt war.

Vprašanja za razumevanje

1. Kaj je storila družina, ko se je izgubila v gradu?

2. Kako se je počutila družina, ko je izvedela, da je bil to le domačin?

3. Kaj je storil moški, da so ga aretirali?

4. Kakšna je bila kazen za tega človeka?

5. Kakšen hrup je družina slišala med hojo?

6. Kje je bil lik v temnem plašču, ko ga je družina zagledala?

7. Kaj je družina naredila, ko se je vrnila v svojo sobo?

8. Kdaj se je družina spet odpravila na ogled gradu?

9. Kaj je bilo tisto, česar družina ni mogla ugotoviti?

Fragen zum Verständnis

1. Was hat die Familie getan, als sie sich im Schloss verlaufen hat?

2. Wie hat sich die Familie gefühlt, als sie erfuhr, dass es sich nur um einen Einheimischen handelte?

3. Was hat der Mann getan, dass man ihn verhaftet hat?

4. Wie lautete das Urteil für den Mann?

5. Welches Geräusch hat die Familie gehört, während sie spazieren ging?

6. Wo war die Gestalt in dem dunklen Mantel, als die Familie sie sah?

7. Was hat die Familie getan, als sie in ihr Zimmer zurückkam?

8. Wann hat die Familie das Schloss wieder erkundet?

9. Was war das, was die Familie nicht ausmachen konnte?

Moj vrt

Moj vrt je moj srečni kraj. Vsak dan grem tja, naj bo dež ali sonce, in se posvečam svojim rastlinam. Imam malo **vsega - zelenjave,** sadja, cvetja, zelišč. Imam celo nekaj piščancev, ki pomagajo preprečevati škodljivce. Dneve na vrtu začnem z zbiranjem jajc od kokoši. Nato pregledam zelenjavo in poskrbim, da ima dovolj vode in sonca. Gredice opleveljam in odstranim vse hrošče, ki morda **napadajo** rastline. Ko je za **vse poskrbljeno,** se usedem in uživam v miru in tišini narave.

Že od nekdaj rada preživljam čas na vrtu. Nekaj je v tem, da ste obkroženi z naravo in vsemi **lepotami, ki jih** ponuja. Zame je to zelo miren in pomirjujoč kraj. Na vrtu pogosto preživljam čas, ko se sproščam in uživam v pokrajini. Uživam tudi v delu na vrtu in gojenju. Imam precej velik vrt in na njem rad gojim **različne** stvari. Gojim rože, **zelenjavo** in zelišča. Imam tudi nekaj sadnih dreves, ki rodijo okusna jabolka, hruške in slive. Poleg gojenja stvari se rad sprehajam po vrtu in **občudujem** različne rastline in živali, ki so na njem doma. V preteklih letih sem preživel veliko ur, da sem svoj **vrt spremenil** v kraj, ki ni le lep, ampak tudi funkcionalen. Rada opazujem ptice, ki se spreletavajo naokoli, in poslušam njihovo petje. Včasih celo prinesem knjigo in berem na vrtu, medtem ko me

Mein Garten

Mein Garten ist mein Lieblingsplatz. Ich gehe jeden Tag hinaus, egal ob es regnet oder scheint, und verbringe Zeit damit, meine Pflanzen zu pflegen. Ich habe von **allem ein** bisschen - **Gemüse**, Obst, Blumen, Kräuter. Ich habe sogar ein paar Hühner, die mir helfen, die Schädlinge in Schach zu halten. Ich beginne meine Tage im Garten, indem ich den Hühnern Eier abhole. Dann schaue ich nach meinem Gemüse und stelle sicher, dass es genug Wasser und Sonne bekommt. Ich jäte Unkraut auf den Beeten und entferne Ungeziefer, das die Pflanzen **angreifen** könnte. Wenn **alles erledigt** ist, lehne ich mich zurück und genieße den Frieden und die Ruhe der Natur.

Ich habe schon immer gerne Zeit in meinem Garten verbracht. Es hat etwas, von der Natur und all der **Schönheit**, die sie zu bieten hat, umgeben zu sein. Ich empfinde ihn als einen sehr friedlichen und beruhigenden Ort. Ich verbringe oft Zeit in meinem Garten, um mich zu entspannen und die Landschaft zu genießen. Ich arbeite auch gerne in meinem Garten und baue Dinge an. Ich habe einen ziemlich großen Garten, in dem ich gerne **verschiedene** Dinge anbaue. Ich baue Blumen, **Gemüse** und Kräuter an. Ich habe auch ein paar Obstbäume, die leckere Äpfel, Birnen

obdaja vsa lepota, ki sem jo ustvaril. **Vrtnarjenje** je moja strast in mi prinaša toliko veselja. Vsak dan na mojem vrtu je dober dan.

Rada kuham, zato mi je dobro založen zeliščni vrt zelo **pomemben.** Timijan, bazilika, origano, rožmarin, žajbelj in sivka so le nekatera od zelišč, ki jih rada gojim na svojem vrtu, da jih lahko uporabljam pri pripravi jedi zase ali za **goste**. Druga stvar, ki mi je pomembna pri urejanju vrta, je, da poskrbim za veliko barv na vrtu. Da bi to dosegel, gojim veliko različnih cvetlic, vključno z **vrtnicami**, lilijami, marjeticami, tulipani, impatiensi, ognjičem itd. Poleg tega, da s cvetjem dodajam barvo, na vrtu rad dodajam tudi zanimivost z uporabo različnih **tekstur.**

und Pflaumen hervorbringen. Ich baue nicht nur Dinge an, sondern verbringe auch gerne Zeit damit, durch meinen Garten zu spazieren und all die verschiedenen Pflanzen und Tiere zu **bewundern**, die dort zu Hause sind. Im Laufe der Jahre habe ich viele Stunden damit verbracht, meinen **Garten** zu einem Ort zu machen, der nicht nur schön, sondern auch funktional ist. Ich liebe es, den Vögeln beim Herumfliegen zuzusehen und ihnen beim Singen zuzuhören. Manchmal nehme ich sogar ein Buch mit und lese im Garten, während ich von all der Schönheit umgeben bin, die ich geschaffen habe. **Gartenarbeit** ist meine Leidenschaft und bringt mir so viel Freude. Jeder Tag in meinem Garten ist ein guter Tag.

Eine meiner Lieblingsbeschäftigungen ist das Kochen, daher ist ein gut bestückter Kräutergarten für mich sehr **wichtig**. Thymian, Basilikum, Oregano, Rosmarin, Salbei und Lavendel sind nur einige der Kräuter, die ich gerne in meinem Garten anbaue, damit ich sie beim Kochen für mich oder für **Gäste** verwenden kann. Ein weiterer wichtiger Punkt in meinem Garten ist, dass er viel Farbe hat. Um dieses Ziel zu erreichen, baue ich eine Vielzahl von Blumen an, darunter **Rosen**, Lilien, Gänseblümchen, Tulpen, Impatiens, Ringelblumen, usw. Zusätzlich zu den Blumen, die für Farbe sorgen, verwende ich auch gerne verschiedene **Texturen** im Garten, um ihn interessanter zu gestalten.

Vprašanja za razumevanje

1. Kje je avtorjev vrt?

2. Koliko piščancev ima avtor?

3. Kaj avtor vsak dan počne na vrtu?

4. Zakaj je avtorju všeč vrt?

5. Katera zelišča avtor posadi na vrtu?

6. Zakaj je avtorju pomembno, da je na njegovem vrtu veliko barv?

7. Kako avtor popestri svoj vrt?

8. Kako se počuti avtor, ko dela na svojem vrtu?

9. Zaradi česa se avtor počuti povezanega, ko je na svojem vrtu?

Fragen zum Verständnis

1. Wo befindet sich der Garten des Autors?

2. Wie viele Hühner hat der Autor?

3. Was macht der Autor jeden Tag im Garten?

4. Warum gefällt dem Autor der Garten?

5. Welche Kräuter pflanzt der Autor in seinem Garten an?

6. Warum ist es für den Autor wichtig, dass es in seinem Garten viele Farben gibt?

7. Wie bringt der Autor Abwechslung in seinen Garten?

8. Wie fühlt sich der Autor, wenn er in seinem Garten arbeitet?

9. Wodurch fühlt sich der Autor verbunden, wenn er in seinem Garten ist?

Nakupovanje

Rada **nakupujem** v nakupovalnem središču. Vedno je tako zabavno hoditi naokoli in si ogledovati različne trgovine. V nakupovalnem središču se najde nekaj za vsakogar, poleg tega pa je to vedno odličen kraj za iskanje ugodnih nakupov oblačil, čevljev in dodatkov. Nakupovanje **običajno** začnem tako, da grem skozi glavni **vhod v** nakupovalno središče. Od tam se najprej odpravim v svoje najljubše trgovine. Ko si ogledam te trgovine, se sprehodim naokoli in preverim, ali se na drugih mestih odvijajo razprodaje. Običajno v nakupovalnem središču preživim nekaj ur, preden končno opravim svoje nakupe. Pri nakupovanju si vedno rad vzamem čas, **saj** se želim prepričati, da bom dobil **točno** to, kar želim. Poleg tega je tako bolj zabavno!

Vedno se mi zdi zelo **zanimivo** opazovati ljudi, ko sem v nakupovalnem središču. Po načinu nakupovanja lahko res veliko poveš o človeku. Nekateri so zelo metodični in si vzamejo čas, za druge pa se zdi, da pograbijo **vse, kar** lahko, in se čim hitreje odpravijo na blagajno. Obstajajo tudi tisti kupci, za katere se zdi, da jih bolj zanima pogovarjanje po mobilnih telefonih ali pisanje sporočil, kot pa da bi si dejansko ogledovali blago! Ne glede na to, kakšne vrste nakupovalec ste,

Einkaufen gehen

Ich gehe gerne im Einkaufszentrum einkaufen. Es macht immer so viel Spaß, herumzulaufen und sich all die verschiedenen Geschäfte anzuschauen. Im Einkaufszentrum ist für jeden etwas dabei, und es ist immer ein guter Ort, um Angebote für Kleidung, Schuhe und Accessoires zu finden. **Normalerweise** beginne ich meinen Einkaufsbummel, indem ich durch den **Haupteingang** des Einkaufszentrums gehe. Von dort aus gehe ich zuerst zu meinen Lieblingsgeschäften. Nachdem ich in diesen Geschäften gestöbert habe, laufe ich herum und schaue, ob es in anderen Geschäften Sonderangebote gibt. Normalerweise verbringe ich ein paar Stunden im Einkaufszentrum, bevor ich meine Einkäufe erledige. Ich nehme mir beim Einkaufen immer gerne Zeit, **weil** ich sichergehen will, dass ich **genau** das bekomme, was ich will. Außerdem macht es auf diese Weise einfach mehr Spaß!

Ich finde es immer **faszinierend**, die Leute zu beobachten, wenn ich im Einkaufszentrum bin. An der Art und Weise, wie sie einkaufen, kann man wirklich viel über eine Person erkennen. Manche Leute gehen sehr methodisch vor und lassen sich Zeit, während andere einfach **alles zu** nehmen scheinen, **was sie kriegen** können, und so schnell wie möglich zur

se zdi, da vsi uživajo v nakupovanju izložb - tudi če dejansko ničesar ne kupijo. Nekaj je v tem, da gledam vse lepe stvari v **izložbah, kar** me osrečuje. Včasih fantaziram o tem, kako bi bilo, če bi si lahko privoščila **vse, kar** vidim! Na splošno je celodnevno nakupovanje v nakupovalnem središču ena mojih najljubših zabav. To je odličen način za sprostitev in oddih, hkrati pa se tudi malo razgibam (če se dovolj sprehodim). Poleg tega si je **vedno** lepo privoščiti novo majico ali par čevljev!

Po dolgem dnevu v službi sem imela končno nekaj prostega časa, zato sem se odločila, da grem po nakupih v nakupovalni center. Za **prihajajočo** sezono sem potrebovala nekaj novih oblačil. Takoj ko sem vstopila, sem zagledala vse svetle luči in bleščeče izložbe. Najprej sem se odpravila v svojo najljubšo trgovino in začela brskati po stojalih. Našla sem nekaj lepih majic in jih pomerila v garderobi. Ko sem se gledala v ogledalu, sem zaslišala, da nekdo prihaja v sosednjo garderobo. V njegovem glasu sem prepoznala sodelavca. Pozdravila sva se in začela klepetati o delu.

Kasse gehen. Es gibt auch Leute, die mehr daran interessiert sind, mit ihrem Handy zu telefonieren oder SMS zu schreiben, als sich die Waren anzusehen! Aber egal, welche Art von Käufer man ist, jeder scheint den Schaufensterbummel zu genießen - auch wenn man nichts kauft. Der Anblick all der schönen Dinge in den **Schaufenstern** macht mich einfach glücklich. Manchmal stelle ich mir vor, wie es wäre, wenn ich mir **alles, was** ich sehe, leisten könnte! Alles in allem ist ein Einkaufstag im Einkaufszentrum eine meiner Lieblingsbeschäftigungen. Es ist eine tolle Möglichkeit, sich zu entspannen und zu relaxen und sich dabei auch noch ein bisschen zu bewegen (wenn man genug läuft). Außerdem ist es **immer** schön, sich hin und wieder ein neues Hemd oder ein Paar Schuhe zu gönnen!

Ich hatte einen **langen** Arbeitstag und endlich etwas Zeit für mich, also beschloss ich, im Einkaufszentrum einkaufen zu gehen. Ich brauchte ein paar neue Kleider für die **kommende** Saison. Sobald ich das Einkaufszentrum betrat, sah ich all die hellen Lichter und die glänzenden Schaufensterfronten. Ich ging zuerst in mein Lieblingsgeschäft und stöberte durch die Regale. Ich fand ein paar schöne Oberteile und probierte sie in der Umkleidekabine an. Als ich mich im Spiegel betrachtete, hörte ich, wie jemand in die Umkleidekabine neben mir kam. Ich erkannte die Stimme als eine meiner Kolleginnen. Wir begrüßten uns und begannen über die Arbeit zu plaudern.

Vprašanja za razumevanje

1. Kje najraje shranjujete?

2. Katera je vaša najljubša trgovina v nakupovalnem središču?

3. Kako dolgo se običajno zadržujete v nakupovalnem središču?

4. Kaj menite o ljudeh, ki veliko časa preživijo v nakupovalnem središču?

5. Kaj najraje počnete v nakupovalnem središču?

6. Ste v nakupovalnem središču kdaj kupili nekaj, česar v resnici niste potrebovali?

7. Kako se odzovete, ko v nakupovalnem središču vidite nekaj, kar bi vam bilo zelo všeč, vendar je predrago?

8. Ste kdaj v nakupovalnem središču videli nekaj in se spraševali, kdo bi to kupil?

9. Kakšno je vaše mnenje o ljudeh, ki se v nakupovalnem središču ukvarjajo s svojimi mobilnimi telefoni, namesto da bi si ogledovali trgovine?

Fragen zum Verständnis

1. Wo lagern Sie am liebsten?

2. Welches ist Ihr Lieblingsgeschäft im Einkaufszentrum?

3. Wie lange bleiben Sie normalerweise im Einkaufszentrum?

4. Was denken Sie über Menschen, die viel Zeit im Einkaufszentrum verbringen?

5. Was machst du am liebsten in einem Einkaufszentrum?

6. Haben Sie schon einmal etwas im Einkaufszentrum gekauft, obwohl Sie es nicht wirklich brauchten?

7. Wie reagieren Sie, wenn Sie im Einkaufszentrum etwas sehen, das Ihnen wirklich gefallen würde, aber zu teuer ist?

8. Haben Sie schon einmal etwas im Einkaufszentrum gesehen und sich gefragt, wer es wohl kaufen würde?

9. Was halten Sie von Leuten, die im Einkaufszentrum mit ihren Handys beschäftigt sind, anstatt sich die Geschäfte anzusehen?

Na trgu

V soboto zjutraj vstanem zgodaj, da bi prišel na **tržnico,** preden bo tam preveč ljudi. Oblečem se in se odpravim skozi vrata ter na poti vzamem vrečke za večkratno uporabo. Med hojo začnem načrtovati, kaj bom pripravila za prihodnji teden. Vem, da želim vsaj enkrat **speči** zelenjavo, zato bom morala kupiti nekaj kakovostne zelenjave. Prav tako želim pripraviti juho ali enolončnico, zato bom moral kupiti tudi nekaj mesa. Ko pridem tja, bom videl, kaj je videti dobro. Tržnica je le nekaj ulic stran in že vidim postavljene stojnice in **ljudi, ki** se vrtijo okoli nje.

Ko pridem na tržnico, se odpravim naravnost na stojnico z zelenjavo. Izbira je čudovita in vrečke napolnim z različnimi **svežimi** pridelki. Nekaj časa klepetam s kmetom, ki mi priporoči nekaj receptov. Z veseljem jih preizkusim. Med nakupovanjem se pogovarjam s **kmeti, spoznavam** jih in njihove izdelke. Ko imam vso zelenjavo, ki jo potrebujem, preidem na oddelek z mesom. Tu sem nekoliko bolj zadržan, saj nisem prepričan, kaj bi rad kupil. Na koncu se odločim za piščanca, ker je vsestranski in se lahko uporablja v različnih jedeh. Kupim tudi nekaj različnih kosov mesa, pri čemer pazim, da kupim govedino, krmljeno s travo, in **piščanca iz** proste reje. Mesar je bil prijazen človek,

Auf dem Markt

Am Samstagmorgen wache ich früh auf und will unbedingt auf den **Markt**, bevor es zu voll wird. Ich ziehe mir etwas an und gehe zur Tür hinaus, wobei ich unterwegs meine wiederverwendbaren Taschen mitnehme. Auf dem Weg dorthin überlege ich, was ich in der kommenden Woche zubereiten möchte. Ich weiß, dass ich mindestens einmal Gemüse **braten** will, also muss ich gutes Gemüse kaufen. Außerdem möchte ich eine Suppe oder einen Eintopf kochen, also muss ich auch etwas Fleisch kaufen. Ich muss sehen, was gut aussieht, wenn ich dort bin. Der Markt ist nur ein paar Häuserblocks entfernt, und ich sehe schon die aufgebauten Stände und die **Menschen, die** sich dort tummeln.

Ich komme auf dem Markt an und steuere direkt auf den Gemüsestand zu. Die Auswahl ist großartig, und ich fülle meine Taschen mit einer Vielzahl von **frischen** Produkten. Ich unterhalte mich ein wenig mit dem Landwirt, und er empfiehlt mir einige Rezepte. Ich bin gespannt darauf, sie auszuprobieren. Beim Einkaufen plaudere ich mit den **Landwirten** und lerne sie und ihre Produkte kennen. Nachdem ich alles Gemüse eingekauft habe, was ich brauche, gehe ich zur Fleischabteilung. Hier bin ich etwas zögerlicher, da ich

ki je bil kljub dolgemu delovniku vedno vesel. Zavil je moje piščančje prsi in zrezek, nato pa se je z mano pogovarjal o svojih načrtih za konec tedna. Poslovil sem se od njega in nadaljeval pot. Na oddelku z mlečnimi izdelki sem vzel tudi nekaj jajc in sira.

Na tržnici je bilo živahno, saj so vsi hrepeneli po svežih pridelkih in mesu, **ki so jih ponujali.** Zrak je dišal po česnu in čebuli, v zraku pa je bilo slišati smeh in pogovor. Prebil sem se skozi množico in izbral druge stvari, ki sem jih potreboval za tedenski nakup. Napolnila sem **košarico s** sadjem in zelenjavo, testeninami in kruhom, preden sem se odpravila do blagajne. Vrsta je bila dolga, vendar se je hitro premikala. Končno sem kupila še zadnja **živila in** čas je bil za odhod domov. Avto je bil naložen in vožnja domov je bila dolga in naporna. Promet je bil gost in vročina je bila utesnjujoča. Končno je avto zapeljal na dovoz in olajšanje je bilo čutiti.

mir nicht sicher bin, was ich kaufen möchte. Schließlich entscheide ich mich für Hühnerfleisch, weil es vielseitig ist und für eine Vielzahl von Gerichten verwendet werden kann. Ich kaufe auch ein paar verschiedene Fleischsorten, wobei ich darauf achte, dass ich Rindfleisch aus Weidehaltung und **Hühnerfleisch** aus Freilandhaltung kaufe. Der Metzger war ein freundlicher Mann, der trotz seiner langen Arbeitszeiten immer gut gelaunt war. Er wickelte meine Hühnerbrust und mein Steak ein und plauderte mit mir über seine Pläne fürs Wochenende. Ich verabschiedete mich von ihm und setzte meinen Weg fort. Ich kaufte auch noch ein paar Eier und Käse aus der Molkereiabteilung.

Auf dem Markt herrschte reges Treiben, und alle wollten die frischen Produkte und das Fleisch, die angeboten wurden, kaufen. Die Luft war dick mit dem Geruch von Knoblauch und Zwiebeln, und das Lachen und die Gespräche erfüllten die Luft. Ich bahnte mir einen Weg durch die Menge und suchte mir die anderen Artikel für meinen Wocheneinkauf aus. Ich füllte meinen **Korb** mit Obst und Gemüse, Nudeln und Brot, bevor ich mich auf den Weg zur Kasse machte. Die Schlange war lang, aber sie bewegte sich schnell. Schließlich waren die letzten **Lebensmittel** eingekauft, und es war Zeit, nach Hause zu fahren. Das Auto wurde beladen, und die Fahrt nach Hause war lang und mühsam. Der Verkehr war dicht, und die Hitze war drückend. Endlich fuhr das Auto in die Einfahrt, und die Erleichterung war spürbar.

Vprašanja za razumevanje

1. Kam gre oseba?

2. Kaj želi oseba kupiti?

3. Koliko vrečk ima oseba?

4. Kako daleč je tržnica?

5. Kaj oseba počne zdaj?

6. Kaj vse je na trgu?

7. Koliko ljudi je na trgu?

8. Koliko časa je oseba potrebovala, da je vse kupila?

9. Kako je oseba odšla domov?

Fragen zum Verständnis

1. Wohin geht die Person?

2. Was möchte die Person kaufen?

3. Wie viele Taschen hat die Person?

4. Wie weit ist der Markt entfernt?

5. Was macht die Person im Moment?

6. Was ist alles auf dem Markt?

7. Wie viele Personen befinden sich auf dem Markt?

8. Wie lange hat die Person gebraucht, um alles zu kaufen?

9. Wie ist die Person nach Hause gegangen?

V kavarni

Bilo je hladno **jesensko** jutro in s prijateljico Lily sem se dogovorila za kavo v najini najljubši kavarni. Toplo sem se zavila v plašč in šal ter se odpravila na pot. Listje je padalo z dreves in v zraku je bilo čutiti pripeko, vendar je sijalo sonce in obetalo se je, da bo lep dan. Med hojo sem **razmišljala** o tem, kako dobro je imeti prijateljico, kot je Lily. Bili sva prijateljici že leta, vse odkar sva se spoznali na **univerzi**. Družila sva se zaradi ljubezni do kave in druženja v kavarnah. Čeprav sva zdaj živeli v različnih delih mesta, sva se še vedno enkrat na teden srečevali na kavi. Ko sem prišel v kavarno, me je tam že čakala Lily. Objeli sva se v pozdrav in naročili kavi. Poiskali sva mizo ob oknu in se usedli za klepet. **Kava** je bila kot vedno odlična in bilo je zelo lepo, da sem se družila z Lily. Pogovarjala sva se o tednu, službi in načrtih za prihodnost. Z Lily se je bilo vedno tako lahko pogovarjati in zdelo se mi je, da ji lahko povem vse. Čez nekaj časa sva začeli biti lačni in **odločili sva se, da** bova naročili nekaj hrane.

Naročili smo hrano in si poiskali sedež ob oknu. Skozi okno je sijalo sonce in vse je bilo toplo in veselo. Med jedjo sva se pogovarjala in uživala v preprostem užitku, da sva v **družbi drug drugega**. Kavarna je bila polna ljudi, vendar se ni zdelo, da bi bila gneča. V zraku je

Im Kaffeehaus

Es war ein kühler Herbstmorgen, und ich hatte mich mit meiner Freundin Lily in unserem Lieblingscafé auf einen Kaffee verabredet. Ich wickelte mich warm in meinen Mantel und meinen Schal ein und machte mich auf den Weg. Die Blätter fielen von den Bäumen, und die Luft war etwas stickig, aber die Sonne schien, und es versprach ein schöner Tag zu werden. Während ich lief, **dachte ich** darüber nach, wie gut es war, eine Freundin wie Lily zu haben. Wir waren seit Jahren befreundet, seit wir uns an der **Universität** kennen gelernt hatten. Uns verband die Liebe zum Kaffee und zum Plaudern in Cafés. Obwohl wir inzwischen in verschiedenen Stadtteilen wohnten, trafen wir uns immer noch einmal in der Woche auf einen Kaffee. Als ich im Café ankam, war Lily schon da und wartete auf mich. Wir umarmten uns zur Begrüßung und bestellten unsere Kaffees. Wir suchten uns einen Tisch am Fenster und setzten uns, um zu plaudern. Der **Kaffee** war wie immer köstlich, und es war so schön, sich mit Lily zu unterhalten. Wir sprachen über unsere Woche, unsere Jobs und unsere Pläne für die Zukunft. Es war immer so einfach, mit Lily zu reden, und ich hatte das Gefühl, dass ich ihr alles sagen konnte. Nach einer Weile wurden wir hungrig und **beschlossen,** etwas zu essen zu bestellen.

bilo čutiti mir in zadovoljstvo. Ko sva končala s hrano, sva še nekaj časa sedela in uživala v mirnem **vzdušju**. Nekaj časa smo se pogovarjali o različnih stvareh, ki so se dogajale v naših življenjih. Bilo je zelo prijetno, da sva se s prijateljico ujeli in **se sprostili**. Skozi okno je sijalo sonce in zdelo se je, da **nič ne more** pokvariti najinega popolnega dne.

Nenadoma sem zaslišal glasen trk. Obrnil sem se in videl, da je moški padel skozi strop in ležal na tleh pred nami. **Pokrit je** bil s prahom in ruševinami in zdelo se je, da je nezavesten. S prijateljico sva bili v šoku, ko sva gledali moškega, ki je ležal na tleh. Nisva vedela, kaj naj storiva in koga naj pokličeva na pomoč. Samo sedela sva in ga gledala, ne da bi vedela, kaj naj storiva. Po nekaj minutah sem se prebudila in poklicala policijo. Operater mi je rekel, da bo nekdo kmalu prišel.

Wir **bestellten** unser Essen und suchten uns einen Platz am Fenster. Die Sonne schien durch das Fenster herein und verlieh allem eine warme und fröhliche Atmosphäre. Wir unterhielten uns, während wir aßen, und genossen das einfache Vergnügen, in der **Gesellschaft** des anderen zu sein. Das Café war gut besucht, aber es fühlte sich nicht überfüllt an. Es lag ein Gefühl von Frieden und Zufriedenheit in der Luft. Als wir mit dem Essen fertig waren, saßen wir noch eine Weile und genossen die friedliche **Atmosphäre**. Wir unterhielten uns noch eine Weile über verschiedene Dinge, die in unserem Leben passiert waren. Es war so schön, sich mit meiner Freundin auszutauschen und einfach **zu entspannen**. Die Sonne schien durch das Fenster, und wir hatten das Gefühl, dass **nichts** unseren perfekten Tag stören konnte.

Plötzlich hörte ich ein lautes Krachen. Ich drehte mich um und sah, dass ein Mann durch die Decke gefallen war und vor uns auf dem Boden lag. Er war mit Staub und Trümmern **bedeckt** und schien bewusstlos zu sein. Mein Freund und ich standen beide unter Schock und starrten auf den Mann, der auf dem Boden lag. Wir wussten nicht, was wir tun oder wen wir um Hilfe bitten sollten. Wir saßen einfach da und starrten ihn an, ohne zu wissen, was wir tun sollten. Nach ein paar Minuten riss ich mich zusammen und rief 911 an. Die Telefonistin sagte mir, dass bald jemand da sein würde.

Vprašanja za razumevanje

1. Od kod pride človek, ki pade skozi streho?

2. Zakaj je ženska s prijateljico v kavarni?

3. Katera je najljubša kavarna prijateljev?

4. Kako dolgo se prijatelja poznata?

5. Katera je najljubša pijača obeh prijateljev?

6. V katerem mestu živita prijatelja?

7. Kako pogosto se prijatelja srečujeta?

8. O čem se prijatelja pogovarjata, ko se prvič srečata v svoji najljubši kavarni?

9. Katera je najljubša hrana obeh prijateljev?

10. Zakaj je tako lahko govoriti z Lily?

Fragen zum Verständnis

1. Woher kommt der Mann, der durch das Dach fällt?

2. Warum ist die Frau mit ihrer Freundin im Café?

3. Welches ist das Lieblingscafé der beiden Freunde?

4. Wie lange kennen sich die beiden Freunde schon?

5. Was ist das Lieblingsgetränk der beiden Freunde?

6. In welcher Stadt leben die beiden Freunde?

7. Wie oft treffen sich die beiden Freunde?

8. Worüber sprechen die beiden Freunde, als sie sich zum ersten Mal in ihrem Lieblingscafé treffen?

9. Was ist das Lieblingsessen der beiden Freunde?

10. Warum ist es so einfach, mit Lily zu sprechen?

Plavanje

Bazen je bil vedno **osvežujoč** kraj in tudi danes ni bilo nič drugače. Sonce je sijalo in voda je bila videti vabljiva. Globoko sem vdihnil in se potopil ter začutil hladen objem vode. Nekaj časa sem plavala na krogih, uživala v gibanju in možnosti, da si zbistrim glavo. Čez nekaj časa sem izstopil iz vode, se osušil in se usedel na brisačo, da bi se sprostil na soncu. Zaprla sem oči in se prepustila **toploti ter** začutila, kako se mi mišice sproščajo. Nenadoma sem zaslišala pljuskanje, odprla oči in zagledala svojo mlajšo sestro, ki je **veslala v** plitvini. Nasmehnila sem se in jo nekaj časa opazovala, nato pa sem vstala in šla do nje. Nekaj časa sva klepetali in veslali skupaj ter uživali v družbi druga druge. Kmalu so se nam pridružili tudi starši in preostanek popoldneva smo preživeli v skupnem plavanju in igranju iger. Vedno je bilo tako lepo preživeti čas z družino v bazenu. Zdi se, da je v vodi **nekaj, kar** ljudi zbliža. Morda zato, ker smo v vodi vsi enaki - ne moremo skrivati svojih pomanjkljivosti ali se pretvarjati, da smo nekaj, kar nismo. Morda pa je to preprosto zato, ker je zabavno! **Ne glede na** razlog sem bil vesel, da smo se lahko vsi zbrali in uživali v družbi drug drugega na tako posebnem kraju.

Sonce me je žgalo v kožo in v zraku je bilo čutiti vonj

Schwimmen gehen

Der Pool war immer ein **erfrischender** Ort, und heute war es nicht anders. Die Sonne schien und das Wasser sah einladend aus. Ich holte tief Luft, tauchte ein und spürte die kühle Umarmung des Wassers. Ich schwamm eine Weile meine Runden, genoss die Bewegung und die Möglichkeit, den Kopf frei zu bekommen. Nach einer Weile stieg ich aus dem Wasser und trocknete mich ab, dann setzte ich mich auf ein Handtuch, um mich in der Sonne zu entspannen. Ich schloss die Augen und ließ die **Wärme** über mich ergehen, während sich meine Muskeln zu entspannen begannen. Plötzlich hörte ich ein Plätschern und öffnete die Augen, um meine kleine Schwester zu sehen, **die** im flachen Wasser herumplanschte. Ich lächelte und sah ihr eine Weile zu, dann stand ich auf und ging zu ihr hinüber. Wir unterhielten uns eine Weile, paddelten zusammen und genossen die Gesellschaft des anderen. Bald gesellten sich unsere Eltern zu uns, und wir verbrachten den Rest des Nachmittags mit Schwimmen und gemeinsamen Spielen. Es war immer schön, Zeit mit der Familie im Schwimmbad zu verbringen. **Der** Aufenthalt im Wasser scheint die Menschen zusammenzubringen. Vielleicht liegt es daran, dass wir alle gleich sind, wenn wir im Wasser sind - wir können unsere Schwächen nicht verstecken

po kloru. Slišal sem zvoke otrok, ki so se smejali in čofotali v bazenu. Ležala sem na ležalniku ob bazenu, se sončila in **uživala v** dnevu. Imela sem zaprte oči in ravno sem hotela zaspati, ko sem zaslišala, da nekdo hodi do mene. Odprla sem oči in zagledala žensko, ki je stala poleg mene. Oblečena je bila v bikini in okoli pasu je imela ovito brisačo. Imela je dolge svetle lase in modre oči. V roki je držala stekleničko **kreme za sončenje.** "Ali imaš kaj proti, če ti namažem hrbet s kremo za sončenje?" je vprašala. "Ne, v redu," sem rekel in se usedel, da mi je lahko dosegla hrbet. Ko je nanesla kremo za sončenje, sem na svoji koži začutil njene roke.

oder vorgeben, etwas zu sein, was wir nicht sind. Oder vielleicht liegt es einfach daran, dass es Spaß macht! **Was auch immer** der Grund ist, ich war einfach froh, dass wir alle zusammenkommen und die Gesellschaft des anderen an einem so besonderen Ort genießen konnten.

Die Sonne brannte auf meine Haut und der Geruch von Chlor lag in der Luft. Ich hörte das Lachen der Kinder, die im Pool planschten. Ich lag auf einem Liegestuhl neben dem Pool, genoss die Sonne und **den** Tag. Ich hatte meine Augen geschlossen und wollte gerade einschlafen, als ich hörte, wie jemand auf mich zukam. Ich öffnete meine Augen und sah eine Frau neben mir stehen. Sie trug einen Bikini und hatte sich ein Handtuch um die Taille geschlungen. Sie hatte langes blondes Haar und blaue Augen. In der Hand hielt sie ein Fläschchen mit **Sonnenschutzmittel**. "Stört es Sie, wenn ich Ihnen den Rücken eincreme?", fragte sie. "Nein, das ist in Ordnung", sagte ich und setzte mich auf, damit sie meinen Rücken erreichen konnte. Ich spürte ihre Hände auf meiner Haut, als sie das Sonnenschutzmittel auftrug.

Vprašanja za razumevanje

1. Kje je bil pripovedovalec na začetku zgodbe?

2. Kaj začuti pripovedovalec, ko odpre oči?

3. Kaj sliši pripovedovalec, ko odpre oči?

4. Čigavo kremo za sončenje da ženska pripovedovalcu?

5. O čem pripovedovalec sanja?

6. Zakaj je kopanje v morju za pripovedovalca tako posebno?

7.Kakšen je občutek vode, v kateri plava pripovedovalec?

8. Kaj vidi pripovedovalec, ko pride iz vode?

9. Kaj naredi ženska, ko pripovedovalca namaže s kremo za sončenje?

10. O čem se pripovedovalec in ženska pogovarjata na koncu zgodbe?

Fragen zum Verständnis

1. Wo war der Erzähler, als er die Geschichte begann?

2. Was riecht der Erzähler, wenn er seine Augen öffnet?

3. Was hört der Erzähler, als er seine Augen öffnet?

4. Wem gehört die Sonnencreme, die die Frau dem Erzähler gibt?

5. Wovon träumt der Erzähler?

6. Warum ist das Schwimmen im Meer für den Erzähler so besonders?

7. wie fühlt sich das Wasser an, in dem der Erzähler schwimmt?

8. Was sieht der Erzähler, als er aus dem Wasser kommt?

9. Was tut die Frau, nachdem sie den Erzähler mit Sonnencreme eingecremt hat?

10. Worüber sprechen der Erzähler und die Frau am Ende der Geschichte?

Košnja trate

Na poletno **soboto je** deset dopoldne in sonce že neusmiljeno žgečka. Odpravite se v garažo po kosilnico in se počutite, kot da ste **obsojeni na** težko delo. Začneš kositi trato in pri tem paziš, da greš počasi, da ne spregledaš kakšnega mesta. Med košnjo razmišljate o tem, kako dobro je biti zunaj na svežem zraku. Ko začnete potiskati kosilnico sem in tja po trati, s kotičkom **očesa zagledate** soseda. Pomahate mu in ga pozdravite, on pa vam pomaha nazaj.

Po nekaj minutah ste končali in se odpravili do sosedove hiše, da bi z njim na vrtu spili pivo. Dan je **popoln -** ni prevroče, piha nežen vetrič. Sedite v senci drevesa, srkate pivo in klepetate s sosedom. Zaradi takšnih dni cenite poletje. Nato **se odpravite** v notranjost in si privoščite zasluženo pivo. Usedete se na stol na verandi, odprete pločevinko in zadovoljno zavzdihnete. Zvok kosilnice se umakne v ozadje, ko se sprostite v senci in uživate v **miru** tega trenutka. Pivo je po vsem tem napornem delu v vročini še posebej dobrega okusa. Že sem se hotel odpraviti v notranjost, ko sem zaslišal hrup v sosednji hiši.

Zvenelo je, kot da nekdo joka. Prenehal sem kositi in stopil do ograje, ki je ločevala najini dvorišči. Pogledal

Den Rasen mähen

Es ist 10 Uhr morgens an einem **Sommersamstag**, und die Sonne brennt bereits erbarmungslos auf die Erde. Sie stapfen in die Garage, um den Rasenmäher zu holen, und haben das Gefühl, dass Sie zu harter Arbeit **verurteilt werden**. Du fängst an, den Rasen zu mähen, wobei du darauf achtest, dass du schön langsam vorgehst, damit du keine Stelle übersiehst. Während du mähst, denkst du daran, wie gut es sich anfühlt, draußen an der frischen Luft zu sein. Als du den Rasenmäher hin und her schiebst, siehst du aus dem **Augenwinkel** deinen Nachbarn. Sie winken und grüßen, und er winkt zurück.

Nach ein paar Minuten sind Sie fertig und gehen zum Haus Ihres Nachbarn, um mit ihm im Vorgarten ein Bier zu trinken. Es ist ein **perfekter** Tag - nicht zu heiß, und es weht eine leichte Brise. Sie sitzen im Schatten des Baumes, nippen an Ihrem Bier und unterhalten sich mit Ihrem Nachbarn. Es sind Tage wie dieser, an denen man den Sommer zu schätzen weiß. Dann **gehen Sie** ins Haus, um ein wohlverdientes Bier zu trinken. Sie lassen sich in einen Stuhl auf der Veranda fallen, öffnen die Dose und lassen einen zufriedenen Seufzer los. Das Geräusch des Rasenmähers tritt in den Hintergrund, während du dich im Schatten

sem čez in videl sosedo, gospo Johnson, ki je jokala na gugalnici na verandi. Poklical sem jo, vendar me ni slišala. Splezal sem čez ograjo in prišel do nje. "Gospa Johnsonova, je z vami vse v redu?" Vprašal sem jo. S solzami v očeh me je pogledala in zmajala z glavo. "Ne, nisem v redu," je rekla. "Včeraj mi je umrl maček." Bila sem šokirana. Nisem vedela, kaj naj rečem. Samo nerodno sem stala in nisem vedela, kaj naj storim. Nazadnje sem ji položila roko na **ramo** in rekla: "Zelo mi je žal, gospa Johnson. Če vam lahko kakor koli pomagam, mi prosim sporočite. " Zmajala je z glavo in rekla: "Ne, nihče **ne more** storiti **ničesar."** Nato je vstala in odšla v svojo hišo. Za trenutek sem stal tam in nisem vedel, kaj naj storim. Nato sem se vrnil h košnji trate. Ko sem končal, si nisem mogel kaj, da ne bi pomislil na gospo Johnson in njeno mačko.

entspannst und die **Ruhe** des Augenblicks genießt. Das Bier schmeckt besonders gut nach all der harten Arbeit in der Hitze. Ich wollte gerade ins Haus gehen, als ich nebenan ein Geräusch hörte.

Es **hörte sich an**, als ob jemand weinen würde. Ich hörte auf zu mähen und ging zu dem Zaun, der unsere Gärten trennte. Ich spähte hinüber und sah meine Nachbarin, Mrs. Johnson, weinend auf ihrer Verandaschaukel. Ich rief nach ihr, aber sie hörte mich nicht. Ich kletterte über den Zaun und ging zu ihr hinüber. "Mrs. Johnson, geht es Ihnen gut?" fragte ich. Sie schaute mich mit Tränen in den Augen an und schüttelte den Kopf. "Nein, mir geht es nicht gut", sagte sie. "Meine Katze ist gestern gestorben." Ich war schockiert. Ich wußte nicht, was ich sagen sollte. Ich stand nur unbeholfen da und wusste nicht, was ich tun sollte. Schließlich legte ich ihr die Hand auf die **Schulter** und sagte: "Es tut mir so leid, Mrs. Johnson. Wenn ich Ihnen irgendwie helfen kann, lassen Sie es mich bitte wissen. "Sie schüttelte den Kopf und sagte: "Nein, es gibt **nichts**, was man tun könnte." Dann stand sie auf und ging in ihr Haus. Ich stand einen Moment lang da und wusste nicht, was ich tun sollte. Dann mähte ich wieder meinen Rasen. Als ich fertig war, musste ich unweigerlich an Frau Johnson und ihre Katze denken.

Vprašanja za razumevanje

1. Koliko je ura?

2. Kje oseba kosi?

3. Kako se oseba počuti?

4. Zakaj mora oseba kositi počasi?

5. Kakšno je vreme?

6. Kaj počne oseba po košnji?

7. Kaj oseba sliši, preden gre domov?

8. Kdo je z gospo Johnson?

9. Zakaj gospa Johnson joka?

10. kaj oseba reče gospe Johnson?

Fragen zum Verständnis

1. Wie spät ist es?

2. Wo mäht die Person?

3. Wie fühlt sich die Person?

4. Warum muss die Person langsam mähen?

5. Was für ein Wetter ist es?

6. Was macht die Person nach dem Mähen?

7. Was hört die Person, bevor sie nach Hause geht?

8. Wer ist bei Mrs. Johnson?

9. Warum weint Mrs. Johnson?

10. Was sagt die Person zu Frau Johnson?

Striženje

Že več tednov sem se nameravala postriči, a sem to vedno odlašala. A ker je bil **božič tik pred vrati,** sem vedela, da tega ne morem več odlašati. Nisem želela priti na božično večerjo svoje družine kot neurejena. Zato sem se zgodaj zjutraj na božič odpravila v salon. Čeprav je bilo zgodaj, je bil salon že poln drugih ljudi, ki **so si za** praznike urejali lase. Postavila sem se v vrsto in čakala, da pridem na vrsto. Končno sem bila na vrsti na stolu. Frizerka, prijazna ženska po imenu Jill, me je vprašala, kaj si želim. "Samo obrezati, nič preveč drastičnega," sem odgovorila. Jill se je lotila dela in mi postrigla lase. Med njenim delom sem se začela sproščati. Dobro se mi je zdelo, da končno skrbim zase. V zadnjem času sem bila tako zaposlena s skrbjo za vse druge, da sem svoje potrebe pustila ob strani. Vendar ne **več**. Od zdaj naprej si bom vzela čas zase.

Ko je Jill končala, sem se pogledala v ogledalo in bila zadovoljna s tem, kar sem videla. Moji lasje so bili videti urejeni in spolirani - kot nalašč za praznična srečanja. **Zahvalila sem se** Jill in si v **mislih** zapisala, da se bom vračala pogosteje. Odslej bom skrbela predvsem zase.

Zum Haareschneiden gehen

Ich wollte mir schon seit Wochen die Haare schneiden lassen, aber irgendwie habe ich es immer wieder aufgeschoben. Aber da **Weihnachten vor der** Tür stand, wusste ich, dass ich es nicht länger aufschieben konnte. Ich wollte beim Weihnachtsessen meiner Familie nicht wie ein schmuddeliges Häufchen Elend dastehen. Also machte ich mich am frühen Weihnachtsmorgen auf den Weg zum Friseur. Obwohl es noch früh war, war der Salon schon voll mit anderen Leuten, **die sich** für die Feiertage die Haare machen ließen. Ich nahm meinen Platz in der Schlange ein und wartete, bis ich an der Reihe war. Endlich war ich mit dem Stuhl dran. Die Friseurin, eine freundliche Frau namens Jill, fragte mich, was ich wollte. "Nur einen Trimmschnitt, nichts allzu Drastisches", antwortete ich. Jill machte sich an die Arbeit und schnippelte an meinem Haar herum. Während sie arbeitete, begann ich mich zu entspannen. Es war ein gutes Gefühl, mich endlich um mich selbst zu kümmern. In letzter Zeit war ich so sehr damit beschäftigt gewesen, mich um alle anderen zu kümmern, dass ich meine eigenen Bedürfnisse vernachlässigt hatte. Aber das war **vorbei**.

Lotila se je striženja mojih las. Pomislila sem, kako hvaležna sem, da sem se končno odločila za striženje. Dobro sem se počutila, ko sem vedela, da bom za božično **večerjo** videti lepo. Ne bo mi več treba skrbeti, da se mi bo družina norčevala iz mojega "neurejenega" videza. Po nekaj minutah je frizer končal s striženjem in me na hitro posušil. Pogledala sem se v ogledalo in bila zadovoljna s svojim videzom - čisto pristrižen videz, ki bo popoln za božično večerjo. Zdaj, ko je bilo striženje končano, sem se lahko osredotočila na uživanje v prazničnih dneh z družino. Za to sem bila še bolj hvaležna.

Von nun an wollte ich mir Zeit für mich nehmen.

Als Jill fertig war, schaute ich in den Spiegel und war mit dem, was ich sah, zufrieden. Mein Haar sah ordentlich und glänzend aus - perfekt für Festtagsfeiern. Ich **bedankte mich bei** Jill und nahm **mir vor, öfter wiederzukommen**. Von nun an werde ich mich in erster Linie um mich selbst kümmern. Sie machte sich an die Arbeit und schnippelte an meinem Haar herum. Ich dachte darüber nach, wie dankbar ich war, dass ich endlich dazu gekommen war, mir die Haare schneiden zu lassen. Es war ein gutes Gefühl zu wissen, dass ich zum **Weihnachtsessen** vorzeigbar aussehen würde. Ich würde mir keine Sorgen mehr machen müssen, dass meine Familie mich wegen meines "ungepflegten" Aussehens hänseln würde. Nach ein paar Minuten war der Friseur mit dem Schneiden meiner Haare fertig und föhnte sie kurz. Ich schaute in den Spiegel und war zufrieden mit dem, was ich sah - ein gepflegtes Aussehen, das perfekt für das Weihnachtsessen sein würde. Jetzt, da der Haarschnitt erledigt war, konnte ich mich darauf konzentrieren, die Feiertage mit meiner Familie zu genießen. Und dafür war ich umso dankbarer.

Vprašanja za razumevanje

1. Kaj mora glavni junak storiti pred božičem?

2. Kako se je protagonistka počutila, ko je skrbela zase?

3. Kdo je glavnemu junaku postrigel lase?

4. Zakaj se je protagonistkina družina želela norčevati iz nje?

5. Kako se je glavna junakinja počutila po striženju?

6. Kaj je storila glavna junakinja, ko se je ostrigla?

7. Kakšen je bil odziv protagonistkine družine na njeno striženje?

8. Kaj je glavni junak počel na božični večer?

9. Zaradi česa je bila protagonistova izkušnja bolj posebna?

Fragen zum Verständnis

1. Was musste der Protagonist vor Weihnachten tun?

2. Wie hat sich die Protagonistin gefühlt, als sie für sich selbst sorgte?

3. Wer hat dem Protagonisten die Haare gestutzt?

4. Warum wollte die Familie der Protagonistin sie hänseln?

5. Wie hat sich die Protagonistin gefühlt, nachdem sie ihren Haarschnitt bekommen hat?

6. Was hat die Protagonistin getan, nachdem sie sich die Haare schneiden ließ?

7. Wie hat die Familie der Protagonistin auf ihren Haarschnitt reagiert?

8. Was hat der Protagonist an Heiligabend gemacht?

9. Was hat die Erfahrung des Protagonisten zu etwas Besonderem gemacht?

Park

Sonce je zahajalo in park je bil prazen. Sedel sem na klopi in čakal na **prijatelja**. Srečanje sva načrtovali že pred eno uro, vendar je vedno zamujala. Ko sem že hotela obupati in oditi domov, sem jo zagledala, kako teče proti meni.

"Tako mi je žal," je vzdihovala, ko je prišla do klopi. "Moj vlak je imel **zamudo.**"

"Vse je v redu," sem **odpustila**. "Pravkar sem prišla sem."

Nekaj časa smo se usedli in klepetali ter se seznanjali z življenjem drug drugega od našega zadnjega srečanja. Pogovor je tekel z **lahkoto in** zdelo se je, kot da od zadnjega srečanja sploh ni minilo veliko časa. Ob sončnem zahodu sva se poslovila in odšla vsak svojo pot. Naslednjič sva se srečala v drugem parku. Tudi tokrat je zamujala, vendar me to ni motilo. Lepo se je bilo pogovarjati z nekom, ki me je **razumel.** Pogovarjala sva se o najinih sanjah in **željah, o** stvareh, ki sva jih želela početi v življenju. Povedala mi je, da namerava potovati po svetu, jaz pa sem ji zaupal svoje sanje, da bi postal pisatelj. Ko je sonce zašlo v drugi dan, sva se še enkrat poslovila in si obljubila, da bova tokrat ostala v stiku.

Leta so minevala in najino **prijateljstvo** je ostalo trdno, čeprav sva zdaj živela na različnih koncih države. V

Im Park

Die Sonne ging gerade unter, und der Park war leer. Ich saß auf der Bank und wartete auf meine **Freundin**. Wir hatten uns vor einer Stunde hier verabredet, aber sie kam immer zu spät. Gerade als ich aufgeben und nach Hause gehen wollte, sah ich sie auf mich zulaufen.
“Es tut mir so leid”, keuchte sie, als sie die Bank erreichte. “Mein Zug **hatte Verspätung**.”
“Ist schon gut”, sagte ich **verzeihend**. “Ich bin auch gerade erst gekommen.”
Wir setzten uns hin und unterhielten uns eine Weile, wobei wir uns über das Leben des jeweils anderen unterhielten, seit wir uns das letzte Mal gesehen hatten. Die Unterhaltung verlief **mühelos**, und es kam uns vor, als sei seit unserer letzten Begegnung überhaupt keine Zeit vergangen. Als die Sonne unterging, verabschiedeten wir uns und gingen unsere eigenen Wege. Das nächste Mal, als wir uns trafen, war es in einem anderen Park. Wieder war sie spät dran, aber das machte mir nichts aus. Es war schön, jemanden zum Reden zu haben, der mich **verstand**. Wir sprachen über unsere Träume und **Hoffnungen**, über die Dinge, die wir in unserem Leben tun wollten. Sie erzählte mir von ihren Plänen, die Welt zu bereisen, und ich erzählte von meinem Traum, Schriftstellerin zu werden. Als die Sonne an einem anderen Tag unterging, verabschiedeten wir uns noch einmal und versprachen,

stikih sva ostala prek pisem in občasnih telefonskih klicev ter drug z drugim delila novice iz najinega življenja. Ko je naznanila, da se bo poročila, me ni **presenetilo -** vedno je bila **pustolovski** tip. Toda ko me je vprašala, ali bi bila njena poročna priča na poročni slovesnosti, ki je potekala na drugem koncu sveta od kraja, kjer sem živela ... to me je moralo prepričati! Na koncu pa nisem mogla dovoliti, da bi se moja najboljša prijateljica poročila, ne da bi ji stala ob strani, zato sem kljub strahu (in po njenem velikem prepričevanju!) **privolila, da se** udeležim **dogodivščine, ki se je izkazala za** življenjsko **pustolovščino.**

Končno je prišel dan **poroke.** Bila sem živčna, vendar navdušena, da bom lahko sodelovala pri tako pomembnem trenutku v življenju moje prijateljice. Obred je bil čudovit in videti je bila srečna, ko je izrekla svoje zaobljube. **Po poroki** smo praznovali z veliko zabavo - zdelo se je, da so vsi, ki jih je poznala, prišli praznovat z njo! To je bil **čaroben** dan, ki ga ne bom nikoli pozabila, najino prijateljstvo pa se je po tej dogodivščini le še okrepilo.

diesmal in Kontakt zu bleiben.

Die Jahre vergingen, und unsere **Freundschaft** blieb bestehen, obwohl wir jetzt in verschiedenen Teilen des Landes lebten. Wir hielten den Kontakt durch Briefe und gelegentliche Telefonate aufrecht und teilten uns gegenseitig die Neuigkeiten aus unserem Leben mit. Als sie ankündigte, dass sie heiraten würde, war ich nicht **überrascht** - sie war schon immer der **abenteuerlustige** Typ gewesen. Aber als sie mich fragte, ob ich ihre Trauzeugin bei ihrer Hochzeitsfeier sein würde, die am anderen Ende der Welt stattfand, musste ich sie erst einmal überzeugen! Letztendlich konnte ich jedoch nicht zulassen, dass meine beste Freundin ohne mich an ihrer Seite heiratet, und so **stimmte** ich trotz meiner Befürchtungen (und nach langem Bitten ihrerseits!) zu, das **Abenteuer** meines Lebens mitzumachen.

Endlich war der Tag der **Hochzeit** gekommen. Ich war nervös, aber auch aufgeregt, bei einem so wichtigen Moment im Leben meiner Freundin dabei zu sein. Die Zeremonie war wunderschön, und sie sah glücklich aus, als sie ihr Gelübde ablegte. **Danach** feierten wir mit einer großen Party - es schien, als ob jeder, den sie kannte, gekommen war, um mit ihr zu feiern! Es war ein **magischer** Tag, den ich nie vergessen werde, und unsere Freundschaft ist nach diesem Abenteuer nur noch stärker geworden.

Vprašanja za razumevanje

1. Kje sta se avtorica in njena prijateljica prvič srečali?

2. Zakaj je avtorjev prijatelj zamudil na njun sestanek?

3. O čem sta se prijatelja pogovarjala, ko sta se po letih ponovno srečala?

4. Kako se je avtorica počutila, ko se je udeležila prijateljičine poroke?

5. Opišite okolje poročnega obreda.

6. Kako se je sčasoma spremenilo prijateljstvo med ženskama?

7. Kakšne so avtorjeve sanje?

8. Kam namerava avtorjev prijatelj odpotovati?

9. Zakaj se je avtorica obotavljala, da se bo udeležila prijateljičine poroke?

Fragen zum Verständnis

1. Wo haben sich die Autorin und ihr Freund zum ersten Mal getroffen?

2. Warum kam der Freund des Autors zu spät zu ihrem Treffen?

3. Worüber sprachen die Freunde, als sie sich Jahre später wieder trafen?

4. Wie hat sich die Autorin gefühlt, als sie an der Hochzeit ihrer Freundin teilnahm?

5. Beschreiben Sie den Rahmen der Hochzeitszeremonie.

6. Wie hat sich die Freundschaft zwischen den beiden Frauen im Laufe der Zeit verändert?

7. Was ist der Traum des Autors?

8. Wohin plant der Freund des Autors zu reisen?

9. Warum hat die Autorin gezögert, an der Hochzeit ihrer Freundin teilzunehmen?